THE LIBRARY
ST. MARY'S COLLEGE OF MARYLAND
ST. MARY'S CITY, MARYLAND 20686

Juan José Millás
Visión del ahogado

Juan José Millás

Visión del ahogado

Ediciones Destino
Colección
Destinolibro
Volumen 289

No se permite la reproducción total o parcial de este libro, ni su incorporación a un sistema informático, ni su transmisión en cualquier forma o por cualquier medio, sea éste electrónico, mecánico, por fotocopia, por grabación u otros métodos, sin el permiso previo y por escrito de los titulares del *copyright*.

© Juan José Millás
© Ediciones Destino, S.A.
Consell de Cent, 425. 08009 Barcelona
Primera edición: 1977
Primera edición en Destinolibro: mayo 1989
Segunda edición en Destinolibro: mayo 1990
ISBN: 84-233-1765-X
Depósito legal: B. 19.866-1990
Impreso y encuadernado por
Cayfosa
Carretera de Caldes, km. 3
Santa Perpètua de Mogoda (Barcelona)
Impreso en España - Printed in Spain

*A Constantino Bértolo
y Luis María Brox*

Fue de nosotros de quienes aprendieron el secreto de la vida: hacerse viejo sin hacerse mejor.

JOHN LE CARRÉ

Pensando que pudiera tratarse de un accidente, Jorge disminuyó la frecuencia de sus pasos. Acortó después la longitud de los mismos, y como viese que el grupo no se disolvía, sino que aumentaba al ritmo impuesto por la hora de entrada a los trabajos, optó finalmente por detenerse a una distancia calculada para averiguar por los gritos, los comentarios, o por el mismo olor de la sangre, si la hubiese, la clase de suceso capaz de congregar a tanta gente junto a la barandilla de la estación del Metro.

Evidentemente, las escaleras debían de estar repletas, porque los grupos que poco a poco iban formándose con la aportación de nuevas oleadas giraban sobre sí mismos sin encontrar una sola grieta que les acercara un peldaño o dos al punto sobre el que gravitaba la atención de quienes de este modo habían visto interrumpido su habitual camino hacia el trabajo. Sin embargo, las exclamaciones que con notable esfuerzo conseguía recoger intactas no traían consigo más información que la que ya se desprendía de la existencia del tumulto o de su propia actitud, pues él continuaba detenido a pesar de tener el tiempo justo para no llegar tarde a la oficina.

En seguida decidió buscar alguna ocupación que retrasara en lo posible su inevitable entrada en la estación del Metro, y de este modo reparó en la deficiente lazada de sus zapatos. Atarse un zapato de tal manera que no vuelva a desatarse hasta la noche es algo que requiere cuidado y tiempo, el tiempo —calculó— que tardaría en llegar la ambulancia para llevarse los restos de la anciana o los del vendedor de cupones que hubiese rodado con tan mala fortuna escaleras abajo. Los accidentes callejeros son desagradables sobre todo para una persona de temperamento reflexivo, pues tienen la extraña cualidad de poner en evidencia aquellos aspectos más sórdidos de la lucha cotidiana. De manera que si uno se ve en la necesidad de socorrer a alguien que se desmaya frente a la taquilla del cine, o de sujetar a un anciano que al llegar el tren intenta hacer como que se tira bajo sus ruedas o, en fin, en situaciones semejantes que si bien no su ceden cada día ni cada hora suceden en todo caso con la frecuencia necesaria como para acabar por tomarle miedo al mundo en general y a la calle en particular, si uno se ve en cualquiera de esta amplia gama de situaciones —reflexionaba todavía Jorge—, inevitablemente, y durante el resto del día o de la semana, verá también aquellos aspectos más desagradables de la existencia que no sin habilidad logramos ocultar a la vista y a la razón por más que se nos pongan delante de los ojos: la suciedad, por ejemplo, que se adhiere al cemento de las construcciones subterráneas, debida sin duda a los escasos medios utilizados para limpiar tanto paso perdido o tanto aburrimiento, mitigado por lo general a base de escupir sobre la parte inferior de las paredes con el cuidado extraño de no tocar el anuncio que nace un poco más arriba.

Por todo esto, Jorge levantaba su pie derecho hasta encontrar en la pared una irregularidad en la que encajar la puntera para atarse el zapato sin el peligro de arrastrarse por el suelo los bordes del abrigo. Mientras manejaba hábilmente los dos extremos del desgastado cordón, vigilaba con una esquina de su ojo derecho las continuas modificaciones del grupo, el cual había aumentado en los últimos minutos de tal manera que tapaba ya totalmente la barandilla, dejando sólo al descubierto la parte superior de las dos barras verticales, sobre las que se apoyaba otra horizontal, en cuyo centro, sobre una forma geométrica, ponía la palabra Metro. Desde su posición, y como se diese el caso de que aquellas dos barras verticales se hundieran en la muchedumbre, el conjunto recordaba sin esfuerzo a un grupo de manifestantes que portara una pancarta incomprensible y desproporcionada. Antes de levantar el pie izquierdo para repetir en él la misma operación que había realizado en el derecho, reguló la respiración contenida por la postura y se desabrochó el abrigo para dar más libertad a los movimientos respiratorios de su pecho. Alguien se detuvo a su lado.

— ¿Qué ha pasado ahí?

— No sé —respondió Jorge—; supongo que un accidente —y se inclinó sobre el zapato izquierdo previamente encajado en la hendidura de la pared.

El grupo crecía ahora más despacio, porque algunos hombres o mujeres se retiraban del lugar apenas unos instantes después de haber llegado. Otros, en cambio, se sumergían en la muchedumbre y al poco tiempo se les perdía totalmente de vista. También había quien merodeaba alrededor del grupo sin decidirse a penetrarlo, o quien habiendo estado ya en su interior se detenía luego en sus aledaños como si calculara aún las ventajas de permanecer dentro o fuera. Jorge había visto al Vitaminas en el momento mismo de inclinarse sobre el zapato izquierdo. Esquivó su mirada y, mientras reparaba en las profundas grietas de su calzado dijo a esta distancia es fácil confundir a un amigo con un desconocido: basta con que los dos tengan el mismo aire. De todos modos, y porque prefería la duda al encuentro, desató y volvió a atar un par de veces el cordón, ocultando el rostro de quien temía que aún le mirara desde las afueras del suceso. Transcurrido este lapso, se incorporó de nuevo, pero no miró inmediatamente hacia el Metro, sino que se contempló primero los zapatos desde la perspectiva que le ofrecía su altura y carraspeó delicadamente, como si estuviese en una reunión. Por fin se enfrentó a la posibilidad de un encuentro no deseado ni temido: la multitud continuaba en su sitio, ejercitándose en idénticos desplazamientos, pero cuantos esfuerzos hizo Jorge por localizar otra vez aquel abrigo o aquella cabeza, en otro tiempo tan diferenciada, resultaron inútiles. Alguien le preguntó la hora. Luego transcurrieron aún unos minutos. Ya comenzaba a amanecer, y si bien el grupo no aumentaba, tampoco disminuía. La atención por el suceso se había equilibrado al fin de tal manera que las nuevas aportaciones se compensaban con idénticas pérdidas, pérdidas que parecían producirse por la superficie en mayor cuantía que hacia el interior.

Sintió dos o tres veces el impulso de acercarse para acabar con aquella historia que se alargaba demasiado, pero una decisión todavía subterránea, tomada seguramente a raíz de aquel fugaz encuentro con el Vitaminas, le obligó a reanudar la espera hasta que la decisión llegó a la superficie. Entonces miró el reloj: las ocho menos diez. De todas formas, no llegaría a tiempo por mucho que se esforzara, y esta seguridad le sirvió para abandonarse sin más preocupaciones de orden práctico a la tarea de descifrar aquel apremio que empezaba a crecer entre los pliegues de su corazón, y sobre cuya naturaleza no era sencillo definirse, ya que no olía sólo a amor o sólo a desamparo, sino que estaba atravesado también por una rara mezcla de crueldad y deseo, elementos entre los que surgía a intervalos regulares la evocación involuntaria de la mirada del Vitaminas.

Después de recrearse durante unos segundos en la apariencia de una cierta duda, dio la espalda al suceso y caminó de nuevo hacia el portal, escuchando el aullido de una sirena —ambulancia o policía—, lejana aún del lugar de los hechos. Tuvo que esquivar la sonrisa obsequiosa del portero y saludar a unos vecinos antes de alcanzar el ascensor, en cuyo interior, finalmente, pudo sonreír de espaldas a la puerta, al tiempo que oprimía el botón que le libraba por el momento de la calle. Pensó en Julia, la recordó desnuda entre las sábanas. El ascensor se detuvo, y Jorge buscó por sus bolsillos las llaves, comprobando de paso que tenía tabaco suficiente.

Antes de decidirse a utilizar el cepillo de dientes, desató el nudo de la bata y dejó que las dos partes de la prenda encontraran asiento. Notó la caricia del tejido en las caderas y esperó con cierta ansiedad la aparición de sus pechos. A la altura de la frente el espejo presentaba una mancha, producida por el craquelado del azogue, que recordaba sin dificultad el agujero de una cerradura antigua. Julia pensó que aquella mancha acabaría por irritarla con el tiempo, pero admitió también que de momento le excitaba la posibilidad de imaginar un ojo al otro lado del espejo.

Seguramente se había levantado antes que otros días gracias a la premura impuesta por el nuevo sentido que aquel descubrimiento otorgaba a la rutinaria comprobación de su belleza. Recordó —a la espera de que el tejido resbalase descubriendo sus pechos— que había oído el despertador, cuando lo normal en ella era no oír siquiera las aparatosas idas y venidas de Jorge en busca de alguna prenda personal o de un peine, encontrado siempre en el lugar más absurdo de la casa. Luego había permanecido en una situación de semiinconsciencia provocada de la que había ido surgiendo como la larva surge de su antigua piel: a través de la boca y con movimientos que apenas insinuados se retiraban a morir hacia la orilla de los tobillos. Los ruidos del exterior —Jorge escupiendo, Jorge tropezando, Jorge etcétera— constituían el punto de referencia necesario para valorar aquella situación, cuyo gozo estribaba en el privilegio de no estar compartida con nadie. En tales estados, la adecuación de Julia con el mundo resultaba natural y perfecta, ya que el olvido de la existencia de un horario no nacía de la erosión de una memoria perezosa, sino de la ausencia de cualquier tipo de memoria.

Los pasos finales de Jorge alejándose hacia la puerta, el doble ruido de ésta y el ya más bien imaginado traqueteo del ascensor a lo largo del tubo coincidieron con el desprendimiento total de la antigua piel, y Julia emergió desnuda y roja entre las sábanas del nuevo día. Contuvo el impulso instintivo de las manos y de los ojos, que como de costumbre habían iniciado un movimiento de atención a los pechos, y se alcanzó la bata para evitar que la visión anticipada de alguna de estas partes del cuerpo prejuzgara de algún modo la revisión definitiva ante el espejo.

Antes de entrar en el cuarto de baño cruzó el minúsculo pasillo para asegurarse de que su hija aún dormía. No tuvo que tocar la puerta, ya que la dejaba siempre entreabierta por si lloraba a media noche, para comprobar que la niña mantenía en su cuna enrejada aquella postura que aseguraba todavía un largo sueño.

Ahora estaba ya frente al espejo y se había desatado el nudo de la bata. Pero las puntas de sus pechos actuaban como dos finísimos ganchos que evitaban el resbalón total del tejido, el cual, por otra parte, carecía del apresto necesario para moverse por propia iniciativa. No obstante, se había producido en dirección a los costados un desplazamiento de las dos partes de la tela, que de momento descubría —partiendo del suave abultamiento del vientre— una franja rectangular de su cuerpo que se estrechaba, como algunas zonas del curso de los ríos, a la altura de los pechos por razones de una geografía accidentada, aunque simétrica. Esta franja rectangular se abría al fin en delta a la altura de las solapas, donde parecía concentrarse todo el peso de la prenda. Creyó observar un brillo inquieto tras la aparente cerradura. Restos de azogue, dijo en voz alta para defenderse de un miedo antiguo que conservaba aún como reliquia de la adolescencia. Luego, con la esperanza de que a la menor ayuda se produjera un nuevo desplazamiento, dio dos pasos hacia atrás ampliando en unos centímetros su campo de visión, limitado siempre por el marco del espejo. Tras la madera aparecían ya algunas señales del triángulo de vello; entonces intentó retroceder aún lo necesario para verlo nacer, pero sus pies tropezaron con la bañera y se tambaleó ligeramente. Adivinó otra vez el brillo de la pupila —del azogue— tras la cerradura y en un extraño movimiento destinado a recuperar el equilibrio perdido se deslizó la parte izquierda de la bata y apareció el pezón enorme y casi moldeable en el espejo. Lo miró intensamente, como si quisiera guardar memoria de una firmeza pasajera, pero aun en esto la realidad se mostraba multicolor y tornadiza, porque un tercer reflejo, apenas entrevisto tras la mancha en forma de cerradura, produjo en el interior de Julia una subterránea actividad que fue a manifestarse exteriormente en un ligero endurecimiento del pezón.

Se dejó trabajar por aquella actividad, cuya mayor virtud consistía también en convertir a la memoria en algo prescindible, pues mientras observaba cómo una extraña cohesión apretaba el extremo de su pecho y cómo al tiempo que la forma cambiaba de algún modo el color, ella no se sentía vinculada al recuerdo ni a la evocación, sino más bien a su propia imagen, que ahora, en un gesto dedicado a un posible espectador, alzaba la mano derecha —tocada ya por la belleza de la sangre caliente— y se apartaba el pelo de la cara.

Estaba ya dispuesta a desnudar con disimulo la parte derecha de su cuerpo cuando escuchó el ruido producido por el roce de la llave penetrando en la cerradura. Lo había presentido unos segundos antes a causa sin duda de las vibraciones que producía el ascensor, y que si bien nunca eran lo suficientemente palmarias como para reparar en ellas, sí bastaban para poner en guardia a alguna parte de su ser atenta siempre a estos pequeños acontecimientos. Por eso también apenas necesitó un lapso de tiempo contabilizable para recuperar la memoria, cruzarse la bata, asegurándola con un nudo, y adoptar la postura de quien acabara de levantarse y luchara aún por encontrar los límites del propio rostro difuminados durante el sueño.

Jorge había cruzado de puntillas el pequeño salón, y su entrada en el pasillo coincidió con el descubrimiento de que Julia se había levantado. Observó a través de la puerta entreabierta del cuarto de baño un trozo de su hombro y el ligero vuelo de la bata, que no le llegaba a las rodillas. Dijo soy yo para evitar un susto mutuo, y abriendo completamente la puerta se apoyó en el marco.

— Hola —dijo Julia—, ¿ha ocurrido algo?
— No, nada. Es que creo que ha habido un accidente en la boca del Metro y he preferido subir hasta que se despeje un poco porque estas cosas me ponen mal cuerpo.

Comenzó a sentirse un poco agobiado a causa del abrigo, pero decidió no quitárselo para no destruir con un movimiento razonable algo sorprendente que sin duda alentaba también en el pecho de Julia, quien contestaba a sus últimas palabras dentro de la lógica impuesta por el tono y la situación:

— De todos modos, es muy tarde. Si hubieras ido andando hasta Quintana ya habrías llegado, ¿no? —y volvió el rostro al ritmo de la interrogación negativa, cuya función seguramente era darle a Jorge la oportunidad de que justificara su presencia con

21

cualquier excusa banal que abriera, sin embargo, un nuevo cauce de penetración en aquel túnel en el que naufragaba su conciencia.

Jorge, por otra parte, recordaba la mirada del Vitaminas, y aguardaba un silencio lo bastante espeso como para lanzar la noticia y observar su caída desde una indiferencia fingida que no le comprometiera. Entretanto, argumentó que el cansancio y el frío, que por un día que llegara tarde, etcétera, mientras miraba, sin consecuencias exteriores todavía, las rodillas de Julia, que unos segundos antes había devuelto su rostro al perfil primitivo, y que al recuperar en un movimiento forzado el cepillo del pelo resumió instantáneamente las dimensiones y la forma de su cuerpo. Jorge desvió la mirada y disimuló el apremio localizado al fin entre las ingles. Al mismo tiempo, tomó nota de un cierto grado de depresión instalado de súbito a la altura del pecho y sonrió a Julia, que se ajustaba la bata con una pobreza de expresión sospechosa. Fue entonces cuando vio la mancha en el espejo.

—Se me había olvidado —dijo, intentando adivinar una señal de los pezones de Julia sobre la bata—, pero ayer, antes de que vinieras, estuve asegurando la escarpia del espejo, que se movía mucho, y al bajarlo le di sin querer un golpe. No se rompió de milagro, pero saltó un trozo de mercurio y quedó esa mancha. Es muy incómoda; a mí me cae a la altura de la barbilla y parece que estuviera viva: al afeitarme me la encuentro en todas las partes de la cara.

—Sí —respondió Julia, preocupada por la hora, pero dominada por los irregulares impulsos de su sangre—; el único modo de evitarla es acercándose mucho al espejo. ¿Te has dado cuenta de que tiene la forma del ojo de una cerradura?

—No, pero ahora que lo dices. Así es más divertido. Puedes imaginar que alguien te observa mientras te arreglas.
—Eso me da miedo.
—Al contrario, resulta excitante. Ensayar gestos para un espectador que ignora que conocemos su presencia es siempre ventajoso para uno y desastroso para el espectador.
—De todas formas, me da miedo —se le quebró la voz y redujo la distancia entre sus piernas para aliviar la progresiva tensión en la zona del pubis—; las cerraduras antiguas me sugieren la presencia de una pupila, no sé cómo decirte, criminal o algo así.
—Seguramente de pequeña te gustaba espiar los movimientos de los mayores a través de esos agujeros —dijo Jorge, sintiendo tropezar dolorosamente la verga en la tirilla elástica del calzoncillo— y te ha quedado un complejo de culpa que intentas acallar imaginando criminales o sádicos detrás de cada puerta.
—No, yo jamás hice eso. Sin embargo, siempre sospeché que mi hermano aprovechaba esos orificios para verme desnuda —se acercó hasta el borde del lavabo y restregó con alivio el pubis contra la porcelana, al tiempo que fingía interesarse por la extracción de una espinilla—. Pero nunca pude comprobarlo porque me daba vergüenza y miedo sorprenderle en tal situación. A veces me parecía oír su respiración detrás de la puerta, y eso me trastornaba porque en aquella época yo aún no había tomado conciencia de mi cuerpo.
—El caso es que por una cosa u otra —dijo Jorge, al tiempo que introducía con disimulo la mano derecha en el bolsillo del pantalón— te ha quedado el miedo típico de la otra parte de las puertas.

En los dos, aunque con matices distintos, actuaba la presión del horario. La conversación, que fríamente se desviaba ya hacia los orígenes —casi siempre localizados en la infancia— de las respectivas obsesiones, apenas actuaba como remedio instantáneo y local. Jorge además luchaba por no equivocarse de momento en el supuesto de que se decidiera a hablar de la insegura presencia del Vitaminas por el barrio. En Julia, la preocupación que le producía el inevitable encuentro con su jornada de trabajo se mezclaba con la incomodidad de tener que arreglar todavía a su hija y acompañarla hasta el portal antes de las nueve y cuarto, hora en que la niña era recogida por el servicio de transportes de una institución infantil.

Por todo esto, cada frase que alternativamente construían con un esfuerzo a todas luces desproporcionado en relación a la materia que trataban, era en realidad una congelación del tiempo cuyo objeto tanteaban en el área más profunda de sus conciencias, y que tenía que ver con la muerte del día, por lo que el día tiene de jornada, y con el nacimiento de un olvido responsable: el olvido de quien ha padecido una memoria sujeta a las instancias más sórdidas de la organización del tiempo.

En ocasiones, Julia se volvía hacia Jorge y con una mirada total tapaba los resquicios que la conversación —defectuosa ya y en franca decadencia— dejaba en una esquina y otra del recuerdo de ambos para gozo de aquellos mecanismos inhibidores del placer. Por fortuna, su bata, como si estuviera poseída de una extraña fuerza antimagnética, resbalaba sobre su piel a cada movimiento, valorando sin precisión ninguna los lugares más ignorados de su cuerpo. Jorge intentaba inútilmente aprehender alguna forma, pero éstas se desvanecían, como el fuego, antes de condensarse.

—Aún he de arreglar a Bárbara y vestirla —dijo Julia, tras la pérdida definitiva de la imaginación.

—¿A qué hora la recoge el coche?

—A las nueve y cuarto —respondió, dentro ya de un sistema de reflejos en el que la ordenación del tiempo lo presidía todo—. Yo tengo hoy la primera clase a las once, pero no la he preparado todavía.

Jorge sintió de nuevo la depresión trabajándole el pecho y se dejó hacer. En seguida una flojera característica liberó la tensión de sus músculos, y hubo de asegurar su apoyo contra el marco de la puerta para no resbalar. La verga —tan sabiamente colocada unos minutos antes a través del bolsillo— se retrajo velozmente, y el abrigo, que siempre le había estado un poco grande, se deslizó unos centímetros sobre los hombros en una triste imitación del movimiento de la bata de Julia. Aceptó su nuevo estado con el placer íntimo que produce una revancha oportuna, aunque no supiera de un modo manifiesto contra quién fuera dirigida tal revancha. De todas formas, su adecuación con las cosas y sus escasas tentativas de entendimiento con el mundo se habían producido siempre por vía de la tristeza, en un terreno en el que —al margen ya de todo deseo— él mismo modelaba sus inclinaciones y limitaba sus apetencias con la frialdad de un espectador sobre el que actuara una larga tradición de prohibiciones. Y si bien es cierto que de esta forma el deseo no superaba nunca los confines de la realidad, no es menos cierto que al actuar la última como traspunte de la puesta en escena de los primeros, el triunfo en cualquier actividad placentera acababa pareciéndose tanto a la realidad que se convertía en fracaso, ya que lo real es lo cotidiano, es decir, lo impuesto.

—¿Hasta cuándo —preguntó Jorge, un poco lejano ya de todo— prepararás las clases? ¿No te defiendes todavía?

—La cuestión no es si me defiendo o no. Como comprenderás tengo recursos suficientes para salir del paso en cualquier situación. Pero sé que el día que empiece a no preparar las clases será el comienzo de un abandono del que nadie se recupera. Además —añadió en un tono más conciliador— la clase de latín sí he de prepararla porque lo tengo muy olvidado.

—No sé —dijo Jorge con cierto esfuerzo—; por un lado pienso que tendría que contestar de un modo reflexivo a todo eso que dices, y por otro, que qué más me da a mí que te entusiasmes o no con tu trabajo, aunque a mí me parezca un entusiasmo irracional.

Se calló con el temor de haber iniciado a tales horas de la mañana una de esas discusiones tras de cuyo objeto se ocultan siempre visiones diferentes del mundo, actitudes totales que se manifiestan con mayor o menor frecuencia —de acuerdo con la edad de los enfrentados—, como los restos de un naufragio: extraños y abatidos por el perdón o por la indiferencia en un mar de costumbre. Felizmente Julia no sentía ninguna necesidad de justificarse y abandonó el tema de un modo natural y desconcertante. Dijo:

—¿Por qué no te quitas el abrigo?

—No, no; me voy en seguida. Supongo que ya se habrán llevado el muerto.

—¿Qué muerto? —dijo Julia riendo.

—Me refiero a lo del Metro. En realidad no sé

si ha sido un accidente o qué. Sólo sé que había mucha gente. Por cierto... —dijo, y sintió que se le retiraba la saliva hasta el punto de secarle la voz.
—¿Por cierto? —interrogó Julia, volviendo el rostro.
—Me parece que he visto a tu marido —lanzó con cierta habilidad al tiempo que cambiaba ligeramente de postura y se fijaba desmesuradamente en la mancha en forma de cerradura del espejo.

Julia escuchó perfectamente la noticia, pero continuó durante unos segundos todavía cepillándose el pelo a causa de una inercia de la que por su gusto no habría salido nunca. Mas en seguida —apenas tuvo tiempo para separar el pubis del lavabo— la invadió una flojera cuya evidencia satisfizo a Jorge, porque le confirmaba una antigua y no formulada idea acerca de la inestabilidad de las relaciones amorosas, confirmación que, por otra parte, le dotaba de la frialdad necesaria para realizar un trabajo perfecto en la recreación de sus deseos. Julia advirtió alguno de los signos que delataban el contento íntimo de Jorge y sintió la agresividad de quien se sabe utilizado en pro de una mala conciencia.

— Dices tu marido como si de esa forma quisieras eliminar algún peligro de contagio —dijo, sentándose en el borde de la bañera.

— No es eso; es que no me acostumbro a llamarle Luis y me suena ridículo llamarle el Vitaminas hablando contigo.

Entonces Julia silenció una nueva respuesta para no contribuir al desarrollo de aquel juego equívoco. Aún tenía el cepillo en la mano y se entretenía en arrancar, con gran cuidado, uno a uno, los pelos que tras muchos días de uso se habían quedado atrapados en el interior de las cerdas. Luego los dejaba caer al suelo, siguiendo con la vista insegura la trayectoria del cabello. Jorge, desde su posición, veía su cabeza inclinada, el pelo tapándole completamente el rostro, los hombros tapizados con el ligero peso de la bata. Cuando llegó a los muslos pensó que estarían fríos por el contacto con el borde de la bañera. Controló un movimiento de ternura que le hizo sentirse miserable y magnánimo a la vez; luego abandonó su punto de apoyo y, dando la vuelta, salió al pasillo.

Pero no entró inmediatamente en otro cuarto, sino que se detuvo en él unos instantes. Se había metido las manos en los bolsillos del abrigo y permanecía inmóvil en aquel espacio rectangular. A su espalda, el baño; a la derecha, la habitación de la niña; a la izquierda, la que compartía con Julia. Por fin, frente a él, la puerta que comunicaba con el pequeño salón a donde decidió entrar al cabo después de resolver una duda aparente. Pensaba que era mejor dejar que Julia guardase unos minutos de silencio por el Vitaminas; luego vendrá con cualquier excusa a sentarse a mi lado y le quitaré la bata. Sus pechos. Encendió un cigarro y se recostó en el sofá tras haber optado por continuar con el abrigo en una actitud supersticiosa que le molestaba reconocer.

Qué amargura, dijo en voz muy baja intentando llenarse de una tristeza que aún no acababa de alcanzarle la boca. Por la ventana aparecía un día totalmente amanecido, aunque oscuro a causa de unas nubes enormes parecidas en su forma a sacos de tela llenos de ropa sucia. Borreguitos en el cielo, charquitos en el suelo. Qué amargura. Remiró las nubes. Era capaz de distinguir una mañana de sol de una mañana de tormenta, pero carecía de paisaje porque aquél no era su barrio, ni aquélla era su casa, ni la niña, su hija, ni Julia, su mujer. Hermosa letra para un tango, pensó, y siguió enumerando todo aquello que no poseía con el descubrimiento casi placentero de que nada era suyo.

Se preocupó después por el trabajo. Temía por un lado que algún compañero telefoneara para interesarse por los motivos de su ausencia, pero, por otro, le tranquilizaba el conocimiento de que en tales ocasiones suelen funcionar a la perfección los mecanismos de la agresividad producida por el roce diario en los puestos de trabajo, y que a causa de un sistema de violencias hábilmente estructurado tiene pocas ocasiones para manifestarse. Confiaba pues en que sus compañeros del banco, pensando que Jorge se había dormido, evitaran telefonear. Luego, finalmente, hizo un par de consideraciones acerca de la relación entre el paisaje urbano y la naturaleza madre, y como viera que engarzando asuntos de tal índole no conseguía inutilizar sus facultades de evocación, acomodó mejor sus riñones y comenzó a sentir a través del recuerdo la perfección del tiempo en su labor destructora.

Vio al Vitaminas delgado y pálido, con el pelo excesivamente corto, dando la espalda a la multitud para mirarle a él, que se inclinaba sobre el zapato izquierdo. Desde el cuarto de baño le llegó un gemido de Julia, uno de esos gemidos lanzados con el volumen preciso para ser oído por su destinatario, pero velado a la vez por un tono cuya misión estriba en disfrazar de involuntaria la evidencia del llanto. Mas antes de que un reflejo compasivo le obligara a levantarse, fue atrapado de nuevo por la enfermiza y desgastada imagen del Vitaminas.

Su propio sudor, motivado por el exceso de ropa y por el creciente aumento de la temperatura de los radiadores, guiaba firmemente al recuerdo por túneles en los que el olor a sobaco se relacionaba con otras sensaciones, sobre todo táctiles, como el crujir de dóciles tejidos entre la yema de los dedos, dedos que comenzaban entonces la experiencia tantas veces aplazada del descubrimiento clandestino y húmedo del otro cuerpo, extraño más por el temor que por el deseo.

A su pesar veía el amplio salón de domingo por la tarde cedido a los jóvenes por un padre de familia que ingenua o maliciosamente pretendía una participación en la vida de su hijo. Y como en todas las reuniones, abundantes por otra parte en aquella época, la aparición de Jorge era celebrada silenciosamente por todos. En un extremo del desgastado sofá había una muchacha nueva cuya presencia turbó en seguida a Jorge. Se llama Julia, le dijeron, y ha venido con Luis, ese tío con cara de enfermo que está a su lado. Volvió a llegarle desde el cuarto de baño otro gemido algo más alto de volumen, aunque también más inseguro. Acabarás por despertar a la niña y regresó al intento de modificar de algún modo su recuerdo, puesto que si es difícil fabricarse un futuro aceptable, nadie puede impedirle a uno inventar un pasado, si no glorioso, tocado por lo menos de una cierta grandeza cuyos reflejos alcancen al presente.

Pero el tiempo es perfecto y discontinuo, atributo éste que le permite articular sucesos y matices aparentemente olvidados. Por eso hubo de recordar las cosas tal y como habían sucedido, aunque aplicando a veces retazos de otras circunstancias que ocultaran determinadas situaciones dignas de ser utilizadas con acierto por un temperamento más cruel que el suyo. Así, aquel domingo no conquistó a Julia, como él hubiera querido; es más, cometió un error tras otro azuzado por la expectación de sus amigos que apenas sabían divertirse sin las provocaciones del ingenio de Jorge. La escalada de errores culminó con el ataque al enfermizo aspecto de Luis, que no paraba de hablar muy seriamente ajeno al cerco a que él y su novia estaban siendo sometidos.

—Eh, tú, Vitaminas —había dicho en un momento dado.

—Quién, ¿yo? —contestó Luis con cara de susto.

—Claro, ¿no eres el más fuerte de la reunión?

El Vitaminas, que al parecer tenía sentido del humor, había reído la gracia, pero manteniendo una distancia inteligente con el chistoso a quien su escasa prudencia le aconsejó una retirada táctica. Julia le miró con un gesto en el que el desprecio y la lástima se alternaban sabiamente en busca de un efecto destructor. Por fortuna hacía ya rato que la ginebra había colocado sobre los ojos de Jorge una telilla transparente que difuminaba la realidad y suavizaba los ángulos más duros del fracaso. Mientras tambaleante abandonaba el salón para mear se dijo, dando tiempo al tiempo, juro que un día te veré desnuda y que te besaré porque tú me lo pidas. Ha de pasar tal vez mucho tiempo, pero será así porque ya otras veces he sentido esta seguridad que los domingos han venido confirmando.

Julia continúa aún desenzarzando los cabellos. Al principio se había dado un plazo de cinco o seis antes de acudir al salón con el objeto de suavizar su postura. Pero junto a este proyecto, y alimentado tal vez por las mismas raíces, ha crecido una rabia contra cuyo reconocimiento se defiende para no admitir que sus relaciones con Jorge están también envilecidas por rencores de orden matrimonial. El esfuerzo por controlar este movimiento la ha conducido al llanto, un llanto fácil y sedante con el que en un principio había pensado atraer a Jorge para provocar una escena conciliatoria. Pero como viera —después de dos o tres intentos— que Jorge no acudiría, decidió recogerse un poco sobre sí misma para defenderse de la evidente hostilidad de los alrededores.

Una ligera sensación de frío, producida por el contacto con la porcelana y trasmitida al cuerpo a través de los muslos, la ayuda a acelerar este recogimiento desde el que siente el recorrido interior de sus lágrimas hasta que éstas alcanzan el borde de los párpados y saltan sobre el cepillo o su contorno. Entretanto medita y se pregunta no por el objeto de su vida, sino por la intención inmediata de sucesos como el presente a través de los cuales se reconoce, y que actúan a manera de acotaciones en un texto cuyo único asunto parece ser la dentellada atroz del tiempo. En un instante, y dada la escasez de tales acotaciones, es capaz de recorrer sus treinta años escasos de existencia; y a pesar de que trata de exprimirlos como si en su interior tuviese que haber forzosamente algo sólido, al final sólo obtiene su actual presencia de mujer objetivamente adulta, y ligada a los menesteres de la existencia colectiva a través de un matrimonio deshecho, una hija de la que espera obtener una confusa redención, y un trabajo al que se ha entregado como quien se entregara a la salvación de su alma.

Esta visión le produce naturalmente un rechazo del que ella se defiende con un recuerdo de su infancia, acerca del cual siempre ha ignorado si se refiere a un instante concreto, o si por el contrario es la síntesis de una época afortunada. El recuerdo consiste en la imagen de una niña (ella) que sin dificultad y sin daño corre con abundantes saltos a través de un bojedal en el que el contorno de los arbustos aparece como difuminado por la acción de una luz, que promete la cercanía del mar. A veces, la niña, sujetándose el vuelo del vestido, se acerca a la posible cámara receptora de tales imágenes, y Julia reconoce a su hija en aquel ser feliz y ajeno aún a las prácticas de la obediencia. La grandeza de este recuerdo estriba precisamente en lo que la identificación entre pasado y futuro supone de burla a las leyes del tiempo. Como contrapartida, la escena recuerda demasiado a algunas secuencias habituales ya en algunos anuncios encargados de promocionar un suavizante para el cabello o un abrillantador de dientes.

Cuando se le acaba el llanto, cuyos efectos sobre la mirada ha sabido utilizar sabiamente, se sube las pequeñas solapas de la bata y mueve la cabeza para aliviar un pequeño dolor que la anterior postura le ha producido. Entonces ve de nuevo la mancha en forma de cerradura, pero no la disfruta, sino que levantándose coloca una toalla sobre el borde de la bañera para evitar el contacto casi directo entre su cuerpo y el frío. Está pensando ahora en Luis de un modo decidido aunque un tanto monótono, porque sus ideas giran en un círculo vicioso de cuya atracción hacia el centro no consigue escapar. Una y otra vez se pregunta por la presencia de Luis en aquel barrio, y una y otra vez se responde que seguramente se dirigía hacia la casa de sus padres. Pero en seguida, aunque a unos niveles menos manifiestos de su conciencia, se produce la fácil objeción de que para ir a la casa de sus padres —viniera de donde viniera— lo lógico es que se hubiera bajado del metro en Quintana; por lo que su presencia en los alrededores de Pueblo Nuevo continuaba poco clara o con una significación de la que Julia no quería hacerse cargo por el momento.

Entretanto la imagen de su marido se ha ido haciendo sitio en un interespacio amniótico de su memoria, y a falta aún de algunos detalles insignificantes permanece ya completamente quieto con su mirada de tísico, ya moviendo los brazos y la boca con la ineptitud de quien por vez primera cayera al vacío desde una gran altura. Poco después Julia empieza a aplicar sobre algunas escenas petrificadas los esquemas más habituales de la acción, y entonces Luis camina a su lado por una calle sabiamente oscurecida y sola. Habla sin parar apoyando cada argumento con un gesto total que refuerza la perspectiva crítica desde la que se comunica con el mundo. Ella admira la facilidad de su acompañante para detectar grietas y defectos en multitud de asuntos cuyo engaño no había advertido hasta el momento, y busca la expresión adecuada para asentir a cada cosa como si se tratara de algo en lo que ya hubiera pensado anteriormente. Siente la elevación de quien por vez primera experimenta el gusto de la vanidad halagada sin hallarse culpable por la experiencia del placer. También en esa calle —un poco más arriba— Luis se detiene indeciso y pálido y Julia sabe ya de qué se trata y de nuevo por vez primera se siente dichosamente desarmada, porque no opone ninguna resistencia al abrazo ni al beso inexacto, aunque suficiente para quien no ha tenido de la adolescencia otra noticia externa que no fuera la mirada inquisitiva de toda clase de vigilantes especializados en relacionar su edad con la posibilidad de mil oscuras perdiciones.

Luego pasa a otra escena, cuando un domingo por la tarde alguien hace alusión al enfermizo aspecto de su novio. Vitaminas le dicen y el primer impulso de rabia queda inmediatamente rebajado por una dosis de admiración hacia el desconocido, porque el Vitaminas, Luis, ha reído la gracia y por lo tanto ha establecido algún tipo de comunicación con el gracioso. Se llama Jorge, le dirán en el cuarto de baño de la casa, y esa noche ella recordará sus labios y sus ojos, su expresión descarada, pero no se atreverá a confesar el gusto que tal repaso le produce porque aún necesita —ligada como está a una educación de reflejos cristianos— una justificación teórica para cada recuerdo productor de un movimiento de gozo.

En esto su hija comienza a llorar y Julia deja para mejor momento la costosa recuperación de su adolescencia al tiempo que se siente otra vez agredida por la angustia del horario establecido. Ya no me va a dar tiempo a arreglarla antes de que pase el coche. Sale al pasillo; a través de la puerta entreabierta ve a Jorge, con el abrigo todavía, recostado en el sofá. Él se vuelve y se miran. Está llorando, dice Julia como si el hecho necesitase de una exposición lógica para acabar de confirmarse. Luego se acerca al cuarto de la niña, que no cambia de postura, pero que sigue llorando hasta que Julia la levanta entre sus brazos. Entonces mira a su madre e inmediatamente vuelve a quedarse dormida. Julia duda unos instantes y al fin deposita a la criatura en la cuna enrejada. Luego sale con cuidado, entorna la puerta y con dos pasos más alcanza el salón. Jorge vuelve la cabeza y la mira tristemente mientras ella se acerca, rodea el sofá y se sienta a su lado.

—Dame un cigarro —dice.
—Dame un beso —le responde Jorge.
Ella se inclina con los labios en guardia y ofrece a Jorge una visión abreviada de sus pechos a través del escote. Se besan, primero larga y suavemente, hasta alcanzar el punto en que sus lenguas se deciden a explorar con torpeza, atadas como están a la garganta por uno de sus extremos, los entresijos de la otra cavidad rica en sorpresas como el túnel del miedo de las ferias. Ella cierra los ojos y en seguida inicia un lento proceso a lo largo del cual sus movimientos van perdiendo en violencia lo que ganan en intensidad y olvido, pues ya comienza a no saber quién es, ni cuáles sean los límites del ámbito que abriga la dulce pérdida de su voluntad, tan ligada siempre a los aspectos disciplinarios de la vida.

Después de un intervalo, lo que aparecía como pasividad se manifiesta como ofrenda, y Jorge siente a través de sus dedos la sugestión de la cintura de Julia, que se quiebra y desborda los límites de la cadera dibujando sobre la fina tela de la bata los huesos que señalan la dirección del olvido. Al mismo tiempo escucha los gemidos, a veces roncos, a veces invisibles, que lentamente instilan en su ánimo el ansia de la libertad, pues de súbito observa que Julia es libre porque no lo sabe. Obsesionado entonces por participar de esta ignorancia destructora, desata el nudo que aún sujeta algunas partes de la prenda de Julia y se deja invadir por la curiosidad siempre renovada ante la desnudez del otro cuerpo.

Sin interrumpir por eso las indicaciones que Julia le susurra, se quita primero el abrigo y la chaqueta, luego los zapatos, y al fin, aprovechando una pausa más larga que las anteriores, arroja lejos de sí la corbata y se desabrocha el cinturón, límite incómodo. Entretanto los pechos de Julia, impulsados por una fuerza nacida en la espalda, danzan al ritmo de la sangre reclamando la presencia de la boca o de las manos de Jorge, que se acerca a ellos y mira con avidez la aréola del pezón como si hubiera de recordar más tarde su forma exacta o la disposición de sus numerosos canales. Pero no olvida, más bien se observa y planifica los movimientos que han de conducirle a un lado u otro del cuerpo sometido en busca de palpitaciones secretas o de disimetrías ignoradas. Examina también la gradual tensión de todos sus órganos en un concurso rítmico y ajustado a las necesidades del devenir de su verga, que ya ha alcanzado el límite de su potencia y reclama con urgencia el acontecimiento.

Entonces Jorge, temiendo que una involución irrecuperable le desarbole antes de tiempo, carga el acento sobre su faceta de espectador para que la frialdad de la mirada detenga en lo posible la carrera del acontecer. Y así se observa ahora en el lento y desapasionado recorrido a través de la piel de Julia, de Julia que intenta con desesperación convertir cada nueva postura en un nuevo signo cuyo sentido se complace en ignorar. Y como buen observador abre los ojos al objeto de registrar con precisión las peculiaridades del terreno que besa. Entretanto las manos, irregularmente adiestradas, acarician un sitio, arañan otro, se detienen en el monte de Venus y regresan a la nuca o a los costados sin conseguirse liberar del miembro a cuyo extremo están atadas. Pero todo aquello que pisa con los labios, y que debería sin duda actuar como estímulo, sirve sólo en su caso para aumentar la distancia entre el espectador y el actor, hasta que el último desaparece tras el horizonte. Entonces Jorge se detiene un instante para tomar aliento, y continúa en seguida la fría exploración, que ahora le conduce a lugares donde el tejido se torna cavernoso y húmedo a causa de una continua y palpitante secreción; ve pliegues laberínticos y únicos cuyo recorrido sería la delicia de cualquier hombre sensato, pero él lo observa todo y todo lo contempla como si se dispusiera a escribir un tratado de teratología, como si aquello que ahora palpa, besa, y mira, no fueran sino malformaciones de un cuerpo que no es perfecto y puro porque no es liso, cerrado y frío, de acuerdo con un canon de perfección que tiene su origen en el miedo a la vida.

Pero ya los gemidos de Julia le indican que está llegando al fin del túnel, y Jorge cumple hábilmente con su obligación al tiempo que mira hacia la ventana y repara otra vez en la existencia del afuera. Las nubes, al otro lado de las cortinas caladas, forman bolsas enormes de ropa sucia, mientras él empuja con un poco de rabia y siente cómo Julia se quiebra y se deshace en un gemido prolongado. Piensa por un momento en la sucesión de los días y cerrando los ojos se lanza a la captura de su porción de olvido. Ignora que el olvido de Julia procede de la recuperación de una memoria centenaria. No sabe del tumulto, ni del rumor de voces que se escuchan tras los ojos cerrados de su amiga. Él aprieta y olvida. Mientras olvida, oye el llanto de la niña que reclama la presencia de alguien.

Y no es que vivir hubiera merecido la pena, sino que ya estábamos vivos y parecía lógico actuar en consecuencia, se iba diciendo Luis, el Vitaminas, mientras bajaba por Alcalá en dirección a Quintana. La fiebre le ponía trascendente y él abusaba de su capacidad retórica para hablarse en un tono que le ayudaba a escapar del miedo, porque le situaba en un lugar donde todo era miedo. Como aquel que se mata para huir de la muerte; un disparate relativo, pues donde todo es muerte la muerte propiamente ya no existe.

A la altura de Federico Gutiérrez se detuvo un instante y observó el cielo: las nubes comenzaban a agruparse y, aunque no había caído una sola gota, olía a lluvia y se presentía la tormenta. Eran los primeros días de un abril extraño por un rigor que no había permitido ni a los más jóvenes aligerar el peso de sus ropas. Cuando alcanzó Emilio Gastesi se detuvo de nuevo para encender un cigarro. Quiso imitar el gusto de ese primer pitillo que se enciende al salir a la calle tras haber asistido a la proyección de una larga película, pero apenas consiguió la belleza del gesto porque tenía la garganta en carne viva. Estas cosas, se dijo, suelen terminar en bronquitis si no se cortan a la altura de la faringe.

Aún no había decidido en qué debía consistir su huida, lo que contribuía con la fiebre a entorpecer sus movimientos y a dilatar ese espacio hético, que una adolescencia novelesca le obligaba a colocar entre los límites de la decisión y el miedo. Por otra parte no ignoraba que la capacidad de decidir era —más que un atributo intemporal y continuo— la condición penúltima de quien ha forzado su situación personal hasta obligarla a entrar en crisis con el objeto de actuar sobre el propio destino, o sobre su ausencia. De ahí la reflexión del Vitaminas al llegar casi a Virgen del Sagrario: Las pocas veces que he tenido la sensación de ser dueño de mí, de dirigir mi propia suerte, de determinar el acontecer de mis necesidades, o de distribuir las exigencias de mi casualidad, coincidieron siempre con el desarrollo de alguna actividad delictiva, y en consecuencia peligrosa. Delinquía cuando, tras el cubo de cinc de la basura, acechaba un descuido de mi madre para dejar caer —sobre algún desperdicio que amortiguara la caída— el contenido no deseado de una barra de pan que preludiaba la proximidad de la noche. Delinquía también cuando escogía entre la obligación y el deseo, entre el placer voluntario o la polución inconsciente. Pero el delito —me ha costado aprenderlo— no se manifestaba en el hecho de escoger la alternativa prohibida, sino en el descaro de pretender que hubiera alternativa.

Bajó por Virgen del Sagrario dispuesto a hacer como que iba a casa de sus padres para matar el tiempo hasta que abrieran las farmacias. Después, con un supositorio y dos piramidones, llegaría la respuesta adecuada a la persecución de que era objeto. Tragó dolorosamente un poco de saliva mientras intentaba meditar, con un ligero movimiento de labios, sobre la condición de tres basureros que alternativamente se gastaban bromas relativas a su propia miseria económica. Aceleró la marcha para sobrepasarlos, y cuando consiguió algunos metros de ventaja volvió a darle a su oscura huida el aire de un paseo temprano.

Los bidones repletos de basura iban marcando, a su derecha, la distancia entre los portales de las casas. El Vitaminas los observaba fríamente tomando nota de la grasa que barnizaba los depósitos de plástico y contabilizando el número de bolsas que por no haber cabido en el contenedor aparecían diseminadas por la acera o amontonadas junto a un árbol raquítico. Reflexionaba algo sobre el asunto (la calle, primer enemigo del día), y se guardaba la observación para utilizarla en el futuro como argumento de una proposición cuyo desarrollo habría de coincidir con el inventario definitivo de su alma.

Se estremeció a causa de una ligera ráfaga de aire, que estrelló contra su rostro las primeras gotas. Y al restregarse con la mano derecha los ojos y la frente experimentó una extraña sensación olorosa: un aroma semejante al del geranio; algo que guardaba más relación con la memoria que con los sentidos. La fiebre, dijo, y devolvió la mano a su refugio, donde al cerrarla ligeramente sobre la navaja automática notó en sus dedos la humedad recogida de la superficie de su cara. Intentó darse placer imaginando variaciones y túneles, calles y voces diferentes —y aun opuestas— que a la manera de un contrapunto musical combinaban armoniosamente en su memoria: la imagen, por ejemplo, de Jorge al inclinarse delicadamente sobre el zapato izquierdo encajado en una irregularidad de la pared. La notable distancia no había impedido que el Vitaminas apreciara la actitud esquiva de su amigo, refrendada por la evidente demora en la realización del trabajo; actitud que había sofocado su primer impulso de acercamiento aun cuando su presencia en los alrededores de Pueblo Nuevo no había tenido en principio otro sentido.

Por diferentes conductos subterráneos, a los que una lluvia escasa, pero agresiva, ponía al descubierto, llegaba también la voz de Julia o el llanto de su hija. Pero intentaba no engañarse en cuanto a la naturaleza de tales evocaciones, y sabía que estaban determinadas, más que por el placer de reunir pasado, por la necesidad de denunciar las diferencias entre aquél y el presente. Como el niño, que aprovechando la ausencia de sus mayores arranca una lámina del Atlas que un buen día compraran a un vendedor ambulante, y que nadie ha utilizado desde entonces, excepto él, que calca hábilmente el mapa político de Europa, y va luego hasta el cristal de la ventana donde la luz descubre las escasas diferencias entre el original y la copia. De semejante modo Luis, el Vitaminas, superponía tiempos diferentes a la luz de lo que él tomaba como su conciencia crítica, y perseguía aquellas líneas que apartándose del modelo gustaban de transitar por lugares extraños al esquema previamente trazado y clausurado en todos sus aspectos. Pero jamás uno de aquellos trazos le condujo a otro tiempo que no fuera el pasado, ni le remitió a otros sucesos que no estuvieran contenidos ya en su historia de un modo más o menos oculto. En todo caso, como mucho, eran olvidos achacables a la invención del tiempo y no añadían nada, sino que retocaban más bien algunos gestos o actitudes, cuya omisión fue causa de una ligera suspensión —en ningún caso grave— de diversos retazos de la propia historia.

Entre un halo de fiebre, bajo una lluvia estimulante, llega al final de Virgen del Sagrario y decide dar un par de vueltas alrededor del polideportivo Virgen de la Concepción. Oye algo parecido a una sirena y sonríe ligeramente, no porque tal sonido le resulte gracioso, sino por la necesidad de responder de un modo más o menos lógico a cualquier estímulo procedente del exterior. Un poco antes, cuando abandonaba la estación de Pueblo Nuevo en dirección a Quintana, había escuchado esa sirena al tiempo que se cruzaba con un Jeep de la policía armada. Entonces no se había atrevido a sonreír, pero había dicho en voz alta aún recuerdo cuando gozabais de tal impunidad que no necesitabais viajar enrejados.

Con las manos apoyadas en la reja metálica que rodea el amplio complejo deportivo, husmea el aire, registra la interrupción momentánea de la lluvia, gira la cabeza a izquierda y derecha comprobando con la barbilla la humedad de sus hombros: intenta protegerse a cualquier precio de las acometidas de la realidad. Y esta incapacidad que ahora le impide aceptar como propia la actual experiencia le conduce una y otra vez desordenadamente a ese sucedáneo de la experiencia que es la memoria. Descubre el barrio por cuyos laberintos hubo de destilar una adolescencia inútil. La escasa gente que se cruza con él son los representantes de todo aquello que el Vitaminas no quiso para sí.

Ha olvidado el momento (o tal vez no existió, sino que desde siempre fui portador del germen de una decisión que a través de las propias actividades y del estudio del acontecer ajeno iba creciendo lentamente, no con el tiempo, no, que el tiempo es un privilegio de clase que ni sucede ni dura, porque durar denota, más que una adecuación entre existir y ser, un trasiego confuso de ambas categorías, cuyo enredo conduce finalmente a la renuncia de las dos. Dura, verbigracia, una enfermedad no atendida, un trabajo improvento, o este discurso mío cuyo final espera nadie para ni aplaudirlo ni censurarlo. No fue pues con el tiempo con lo que progresó aquel germen, sino con los residuos —previamente manoseados en busca de un último despojo— de dos o tres categorías abstractas, y con el exceso de una realidad emética que utilizaba sus propios humores en el tratamiento de sus males), ha olvidado el momento, si lo hubo, en el que decidió —como quien tira una moneda al aire apostándolo todo al capricho de la gravedad— escapar a la presión del calco sobre el que actuaba el peso del modelo que habría de poner límite y detalles a toda su existencia. Lo ha olvidado, pero barrunta que hubo de ser una de aquellas tardes de domingo, desmanteladas al atravesar una calle con sol. Solares, vertederos, un ser anónimo —sin sexo apenas— que habitaba tras la ventanilla. El cine y otra vez la calle. Imitación de aquellos gestos definitivos del protagonista. Ejercicios de soledad que cada día hacían más difícil la aceptación del lunes.

Y en el momento límite en que tal aceptación parecía insoportable arroja al aire la moneda, decide que ha de ser singular la trayectoria de su vida. No supo ver entonces que en aquella apuesta él era, no ya el rival y el premio, sino la moneda que tras evolucionar unos segundos al capricho del aire cayera muerta tal vez, o malherida, pero mostrando un costado determinante de un destino del que podría decirse cualquier cosa, excepto que no se hubiera puesto en entredicho.

Huele la atmósfera Luis, el Vitaminas, y por unos segundos recupera la sensación que las tormentas ejercen sobre los adolescentes. Respira hondo a la altura de Virgen de la Consolación, y enciende otro cigarro para examinar las diferencias entre el dolor del humo y de la saliva al atravesar su ruinosa garganta. ¿Tiene Vd. hora, por favor?, pregunta a un señor que sale de Virgen de la Providencia. Y son las nueve y veinte; con lo que en diez minutos abrirán las farmacias. Otra vuelta más al polideportivo y subir por Hermanos de Pablo. Tiene idea de que entrando en esa calle, a mano derecha, hay una farmacia. Lo que aún ignora, mientras se le estabiliza la fiebre y se oscurecen las nubes, es la cara que pondrá para no infundir sospechas al farmacéutico.

Mientras Julia se ocupa de la niña, cuyo llanto había confirmado definitivamente el establecimiento de una nueva jornada, Jorge, bajo una ducha tibia, calcula la porción de placer obtenida a cambio del considerable retraso con el que va a presentarse en la oficina. Prefiere no aceptar que hay cuestiones en las que se empeñan cosas diferentes al tiempo, porque de tal aceptación nacería la sospecha —presentida ya desde hace algunos aniversarios— de que no clausuró nunca el ciclo de su adolescencia, y de que ésta subyacerá a lo largo de toda su vida mientras no salde el débito contraído con las raíces de su juventud. Afortunadamente, los minutos —como todo lo que denota distribución o desarrollo— reclaman el fragmento que completa o inicia la nueva medida con una urgencia tal, que impide cualquier intento de penetración en la propia historia a los sujetos adaptados a la disciplina de un horario.

Después de establecer una relación aproximada entre lo invertido y el beneficio alcanzado, sale de la bañera y rechaza en seguida el impulso de contemplarse en el espejo, porque una capa de vaho depositada en el cristal le impide tan engañosa comunicación con el exterior. Mientras se viste oye la voz de Julia, que mantiene un animado monólogo con la niña. Jorge escucha y decide que algún día tendrá que introducir en una bolsa sus cuatro o cinco objetos personales y marcharse a otro sitio, porque en los escasos meses de convivencia con Julia ha observado que el crecimiento de la cría era tan peligroso —o tan seguro al menos— como el crecimiento de una obsesión o de una idea. No le fue dado adivinar cuando se instaló allí definitivamente que, en vez de Julia, acabaría huyendo de su hija. La niña era entonces para él, más que una criatura dotada de una serie de atributos y de necesidades permanentes, un pretexto (la simulación de una causa), que se podía utilizar con fines harto diferentes y aun opuestos. Así, unas veces su sueño les había servido para hacer el amor en un estado de alerta que constituía el principal estímulo del juego, mientras que, en otras, dicho sueño había sido utilizado como principio de una inhibición. Pero gradualmente la niña había modificado su papel hasta trocarse de causa simulada en causa verdadera, modificación que no sólo la inutilizaba para determinados usos, sino que la convertía en un sujeto inesperado y actuante, dispuesto a obrar sobre la realidad en la misma medida que Julia o que el propio Jorge.

No ha entregado al olvido aquellos días del verano anterior, cuando las circunstancias hicieron emerger en él los sedimentos de una seguridad, que hacía años, en el transcurso de una borrachera agresiva, había adquirido con respecto a Julia. Y había sido el propio Vitaminas quien, de un modo bastante sospechoso, despertara la voluntad de Jorge. Por aquellos días, los primeros de un julio sofocante, Jorge hacía planes para pasar sus vacaciones en algún sitio alejado, cuando recibió la inesperada visita de su amigo. Hacía casi dos años que éste se había casado con Julia y desde entonces los dos amigos habían ido espaciando sus citas hasta llegar al punto en que ambos, por separado, comprendieron que su amistad había sido un atributo más entre los que caracterizaran su adolescencia, y que por lo tanto estaba destinada a diluirse —al igual que el resto de los atributos— en las aguas de la madurez. En esta renuncia, una de las primeras que llevaron a cabo de un modo consciente, advirtieron un indicio más de su ingreso en el mundo de los adultos.

El cuarto en el que vivía Jorge era una especie de buhardilla mal construida y peor aislada, donde la atmósfera se espesaba y se tupía el aire por el exceso de calor. Parecía imposible desarrollar allí otra actividad que no fuera recrearse en el insomnio o acrecentar la sed. Así opinó el Vitaminas, y Jorge se disculpó con un gesto que no aclaraba si sus últimas aficiones llevaban esa dirección. Decidieron, pues, salir a la calle. Cenamos en algún sitio fresco y charlamos, dijo Luis con expresión de agobio. Jorge se puso una camisa y sugirió a su amigo que fuera bajando mientras él se peinaba un poco. En realidad, quería darse tiempo para intuir la clase de trampa que se le venía encima. Se lavó la cara en el ruinoso lavabo y cogió el paquete de tabaco que había en el suelo, junto a la cama. Antes de salir abrió el tragaluz por si al anochecer refrescaba un poco. Cuando llegó al portal, el Vitaminas hacía equilibrios en el bordillo de la acera y se mostraba excepcionalmente jovial y alegre, aunque nervioso. Jorge se puso en guardia.

—¿Adónde vamos?
—Yo invito y tú eliges.
—Bueno, vamos hacia Fuencarral, a ver si re-

fresca un poco y nos sentamos en una terraza.

Caminaron en silencio dándose tan sólo ligeras advertencias respecto a un coche no visto por el otro o un semáforo a punto de cerrarse, hasta que atravesaron la Glorieta de Bilbao. El Vitaminas había sugerido entrar en el Comercial, pero Jorge hizo un gesto que colmaba de significado su negativa.

—Ya hace que no nos veíamos —dijo Jorge por acelerar lo que fuese.
—Sí, casi un año.
—¿Cómo va la niña?
—Crece.

No le preguntó por Julia en virtud de un pacto elíptico, aunque aceptado por ambos, contraído en los primeros tiempos de su amistad.

—Estaba pensando, mientras te esperaba en la calle, que tampoco tú has cambiado de barrio.
—Salió la oportunidad del cuarto ese que es muy barato. Además me viene bien vivir tan cerca de mis padres porque muchos días como con ellos. Yo me ahorro la comida, y ellos piensan que es como si no me hubiese ido.
—Claro. ¿Sigues en el banco?
—Mientras tú no me consigas otra cosa. ¿Qué haces ahora?
—Nada en concreto. Trabajé unos meses en una librería, pero lo dejé porque había empezado a odiar hasta las novelas. Ahora, a lo mejor, hago unas encuestas.
—Si necesitas dinero o tal, yo he cobrado hace unos días.
—No, hombre, no, sólo quería que charlásemos un rato.
—Te envidio, Vitaminas.
—¿Qué?

—Que te envidio. ¿Nos sentamos aquí? Yo no podría vivir con esa inseguridad económica. El caso es que siempre sales adelante.

—No creas que es tan fácil. Doy bastantes sablazos; lo que pasa es que procuro respetar a los amigos. Además, ten en cuenta —dijo mientras gesticulaba en busca de un cigarro— que los ingresos de Julia son fijos y eso da mucha tranquilidad.

Jorge se puso colorado al oír el nombre de Julia. El hecho de que su amigo rompiera a tales alturas de la edad el antiguo pacto le parecía por lo menos de mal gusto. Aquel pacto decía no utilizaremos el nombre de Julia en vano; si en alguna ocasión se hiciera inevitable su uso, nos valdríamos del disimulo o de cualquier otro artificio relativo al engaño para evitar la sospecha de una transgresión, el nerviosismo de entrar en casa ajena, la vergüenza de no haber clausurado lo anterior al destino; es decir, el destino. Se defendió con un largo trago de cerveza, mientras la gente que salía de los cines invadía el ambiente con los brazos morenos y las sonrisas del verano. Pasaban algunas mujeres mientras el Vitaminas encendía el cigarro y atacaba de nuevo eliminando la posibilidad de que todo hubiera sido un error fruto de la irreflexión o del olvido.

—Por cierto, hablando de Julia, ¿sabes que nos separamos?

—¿Eh?

—Que nos separamos, Julia y yo.

—Ya. No lo sabía.

—Aún no lo sabe nadie.

—...

—¿Qué te parece?

—Nada, qué me va a parecer.

—Verás, es que ella tampoco lo sabe —sonrió ligeramente tratando de imitar el gesto de un se-

57

ductor que tuviera problemas con la última conquista—, aunque supongo que se lo imagina, porque estas cosas se cuecen despacio.

— ¿Qué cosas?

— Hombre, ya sabes; lo que hace que un día uno tenga que enfrentarse a la situación que vive para aceptarla plenamente o para rechazarla plenamente también.

Jorge no escuchó apenas el resto de aquella historia trucada. Hacía tiempo que había concluido que en el fondo de las decisiones importantes no había grandeza ni verdad, sino una puerta falsa que conducía al desengaño. El rosario de justificaciones con el que el Vitaminas intentaba armarse de valor —como el suicida que cuenta su proyecto esperando obtener de quien le escucha el arrojo que a él le falta— llegaba con frecuencia a un punto muerto del que el Vitaminas salía con dificultad porque estaba confundido, y quería al mismo tiempo escapar y dejarse atrapar. En realidad, dijo finalmente, no estoy muy seguro de cuanto te he explicado. Incluso hay ratos en los que me da por pensar que de lo que huyo es del espectáculo del crecimiento de mi hija. Y Jorge presintió que era lo único un poco sincero (no del todo, porque, como más tarde advertiría en su cuarto, entre el sudor y la vigilia espesa, la intención del encuentro falseaba en sus raíces toda su actuación) que se le había escapado a lo largo del discurso.

Ahora, mientras intenta distinguirse al otro lado del vaho —al otro lado de la cerradura— advierte la verdadera dimensión de la última frase del Vitaminas. Entretanto, hace ya casi un año, una noche del mes de julio, Jorge y el Vitaminas se despiden en la Glorieta de Bilbao. Jorge sabe que está un poco borracho por los cubalibres posteriores a la cena, pero a pesar de que lo sabe, o precisamente por eso, le dice a su amigo: no te preocupes, Vitaminas; abandona tu hogar y tu familia y ve en busca de la tranquilidad que tu espíritu anhela en la seguridad de que a tu mujer y a tu hija no les faltará nada, ya sea en el orden material, ya en el moral, mientras tu amigo Jorge trafaguee errático y giróvago por estos barrios que tanto saben de nosotros.

Y en el momento mismo de finalizar tal parlamento Jorge adivina un rastro de satisfacción en el borroso gesto de su amigo. Luego, en su cuarto, entre las sábanas húmedas por el sudor y por un vómito no esperado, interpreta la huella de satisfacción que viera al despedirse en la cara del Vitaminas, y comprende que era la expresión de quien se siente descargado de una responsabilidad que jamás sintió suya. Finalmente, en la lucidez que precede al vómito (o que lo provoca), reconoce que lleva varios años preparándose para este momento, porque al pensar en su próximo encuentro con Julia llegan sin ningún titubeo a sus labios las frases del primer encuentro, las actitudes de la segunda escena, las decisiones del tercer acto. Por un momento, siente la grandeza de quien se sabe inmerso en una propuesta nacida en las entrañas del propio deseo, pero también acusa el escozor de aquel que entre los pliegues de la dicha descubriera los gérmenes del fraude.

Agobiada otra vez por el horario, Julia golpea la puerta del cuarto de baño. Le grita a Jorge que son casi las diez, y Jorge abre al fin y aparece a medio vestir con una sonrisa extraña, como si hubiera tomado alguna decisión. Dice no te preocupes, arregla a la niña y date una ducha mientras yo preparo un poco de café.

— Tengo la primera clase a las once —dice Julia—, pero no sé qué voy a hacer con la niña. El coche debió de pasar hace más de media hora.
— Yo la llevaré. Lo mismo me da llegar una hora más tarde al banco.
— Si quieres telefoneo y digo que te ha dado un cólico o algo así.
— No, déjalo. Ya me inventaré algo.

A Julia le sorprende la indiferencia de Jorge en lo que se refiere al trabajo, pero el hecho de que actúe en su favor le impide comentarla. Ignora, mientras va a por su hija para asearla un poco, que también Jorge está sorprendido por tal indiferencia, de la que intenta sacar algún provecho en la sospecha de que durará poco; pues se trata al fin de un movimiento gratuito y libre.

Pero al mismo tiempo que por el agobio de la hora (cuyos efectos se manifiestan en un ligero nerviosismo que no encuentra salida hacia el exterior), se nota invadida por ciertas impresiones que, en relación con tal agobio, acaban resolviéndose en imágenes cuya molestia estriba en no tener un equivalente —muy directo al menos— con la realidad más inmediata. Y el hecho de que las imágenes que con independencia de su voluntad transitan por detrás de sus ojos no sean la representación de algo percibido con los sentidos, produce en Julia una desazón que ya conoce, y de la que se defiende besando con exceso a su hija o frotándole la espalda con energía exagerada: es decir, acentuando en alguna medida su actuación sobre la realidad. Sabe, mientras gira ligeramente el cuello hasta alcanzar a ver con disimulo la mancha en forma de cerradura, que determinados fantasmas no son sino la huella de una hábil manipulación efectuada por el miedo sobre su memoria más antigua de las cosas. Pero siente el temor, o la repulsa, de ser depositaria de unos fantasmas que ya tuvo su madre, que se repetirán en su hija, y que a ella le parecen las señales que marcan la distancia entre la corrupción y el deterioro.

Mira a la niña intensamente: hay en sus ojos, o en la zona más próxima a sus ojos, un gesto que le recuerda a Luis, el Vitaminas. Por un segundo siente la tentación de justificarlo con afinidades de carácter, pero determinados gestos, y a determinadas horas, no revelan más que una disposición especial de los músculos o una característica gratuita de la calavera. Entretanto por detrás de sus ojos crece el tumulto: es el mismo que ahogó las fuerzas represoras del exterior (el crucifijo sobre la cabecera, los padres al otro lado del tabique, las doctrinas, las sábanas limpias, la ventana insegura) aquella noche ya lejana de su adolescencia en la que descubrió un modo de comunicación posible con su propio cuerpo; es el mismo tumulto que le ayudó a salir del trance —incluso con algo de placer a su favor— la vez primera que se acostó con Luis; el mismo que desde entonces acudiría puntual a las señales convenidas; el mismo también que con la llegada de Jorge intentaría inútilmente añadir algunas imágenes y sustituir otras. Es el mismo, en fin, que contra viento y pecado proporcionó a su madre noches de perdición y olvido. Ahora crece de nuevo retirando hacia un lado a la voluntad de Julia, que lo niega, al recuerdo de Julia, que atendiendo alternativamente a la cerradura del espejo y a las sonrisas de su hija, evoca el día de su boda, cuando su madre, en la creencia de que le debía alguna explicación, se acerca a ella y le dice: cuando llegue el momento procura olvidarte de Luis, aunque estará muy cerca; piensa en cosas extrañas; que vuelas, por ejemplo, que una manada de caballos salvajes te persigue o que alguien os mira por la cerradura de la puerta. No sabía su madre (¿o sí?) que el momento ya había llegado y poblado inexplicablemente de los mismos fantasmas que entonces creía descubrir a su hija.

Oye silbar a Jorge en el salón. Sin pensarlo, envuelve a su hija en una gran toalla, la lleva hasta su cuarto y la introduce con algunos juguetes en la cuna enrejada. Luego cierra la puerta y en el pasillo deja caer la bata. Olvidada y desnuda, penetra en el salón y alcanza a Jorge, que la conduce hasta el sofá. Ha comenzado a llover de nuevo, ahora con más fuerza. Julia oye las gotas sobre el cristal, los cascos de los caballos sobre la yerba húmeda. Jorge se quita los pantalones muy despacio; procura pensar en las cosas que habitualmente le excitan, y al comprobar una vez más que funcionan sonríe tristemente, porque sabe que serán precisamente esas cosas las que le impidan evolucionar hacia el olvido —hacia la libertad—, puesto que no hay hallazgo ideológico que no esté precedido en alguna medida por un hallazgo formal. Esta vez entra en el cuerpo de Julia directamente, sin preámbulos, y con una violencia calculada. Julia, en busca de una postura, levanta el brazo derecho para cogerse al respaldo del sofá; pero Jorge, con un gesto de frialdad nostálgica (el gesto de alguien que inopinadamente se viera obligado a asistir a la clausura de su juventud), coge ese brazo y el izquierdo y los junta por detrás de la espalda de Julia sujetándolos por las muñecas. Luego se incorpora un poco y con la mano libre comienza a golpear el rostro de Julia con una cierta profesionalidad que en seguida se transforma en rabiosa voluntad de desorden. Algunas veces, esforzándose un poco, consigue golpear su costado y sus pechos. Julia alterna momentos de pasividad con movimientos de defensa pasiva. Juega hábilmente con sus piernas y muerde los cabellos que los golpes de Jorge llevan hasta su boca. Luego comienza a emitir unos gemidos sordos que delatan la próxima suspensión de los sentidos, el éxtasis. El llanto de la niña, que ha traspasado hace unos minutos los límites de su habitación, invade ahora un nuevo territorio cuyas afueras no están delimitadas por puertas o tabiques, y ni siquiera por algún raro instinto o sentido. Jorge lo sabe y se defiende con torpeza de ese llanto, mientras inerme se desploma sobre el cuerpo de Julia.

Afuera llueve a ráfagas.

—De modo que fue usted el que hizo la llamada.
—Sí, señor.
—¿Cómo se llama?
—Jesús Villar.
—¿Qué más?
—López. Jesús Villar López.
—¿Por qué no se identificó por teléfono?
—Estaba desconcertado, inseguro —responde Jesús Villar un poco ausente todavía. El comisario se vuelve hacia el mecanógrafo, a su izquierda, para ordenarle cesar en su actividad y salir del despacho hasta nuevo aviso. Jesús Villar cruza la pierna izquierda sobre la derecha y apoya ambas manos en el resultado. Mientras el mecanógrafo llega hasta la puerta y la cierra a sus espaldas, observa la ventana situada detrás del comisario y los barrotes negros que en la parte más exterior protegen los cristales. Los barrotes están brillantes por la lluvia. La suciedad exterior de los cristales aparece surcada por las gotas de agua que impulsadas por el viento se han estrellado contra la ventana. Ha llegado hasta allí tras una lucha entre la desconfianza y el atractivo de una novedad, y empujado también en alguna medida por sus compañeros de oficina, a quie-

nes había relatado el suceso del metro —yo trabajo en seguros— dice al oír el ruido de la puerta.
— ¿Cómo dice?
— No, que yo trabajo en una oficina de seguros, y al contar a los compañeros...
— Espere, espere a que yo le pregunte —dice el comisario modificando la situación de algunos objetos sobre la mesa que separa a los dos hombres. Jesús Villar desplaza la mirada hacia el costado izquierdo de la habitación. En la pared de ese lado hay un Crucifijo y las dos fotos. Ve también un archivador de metal y otro de madera con cierre de persiana, como alguno de los que han desechado en su empresa el año anterior. En seguida decide mirar al comisario a la altura del labio superior o un poco más arriba, pero sin alcanzar el nivel de los ojos de forma que las miradas del policía no anulen las suyas—. Vamos a ver, usted dijo por teléfono que el sospechoso se dirigió hacia Quintana por Alcalá, ¿no es eso?
— Sí, señor. Entonces yo crucé la calle para telefonear.
— Hágame el favor de esperar a que yo le pregunte —dice y toca un timbre a cuyo estímulo acude alguien que se pone a las órdenes del comisario en la espalda de Jesús Villar—. Encárgate —ordena— de que retiren la vigilancia de la casa de Alcalá; no es probable que vuelva por allí. O, si no, espera; que se quede el inspector Núñez; así por lo menos no nos estorbará.
— A sus órdenes —responde el subordinado, y Jesús Villar cuenta los segundos que tarda en cerrarse la puerta.

Los supuestos críticos desde los que contemplo la vida toda de los hombres no son un don gratuito, no son siquiera el resultado de una manipulación inteligente sobre las rebañaduras de mi educación, sino el remate lógico de una actitud (provocada, es cierto, por un conjunto de reglas de significación dudosa) que pretendía conquistar una visión ejemplar de las personas, del barrio, y aun de las ideas y de otros asuntos de clasificación comprometida. No he conquistado nada alegre, pues lo que subyacía a tal actitud (el reconocimiento de los otros, cierta celebridad, y la aprobación anticipada de todas mis propuestas) estaba negado por los principios que subterráneamente la informaban; contradicción dolorosa por cuanto en ella pueden rastrearse las pisadas de aquello que se pretendía combatir, decía, casi en voz alta, Luis el Vitaminas en la puerta de la farmacia que aún no habían abierto. Había llegado hasta allí un poco distraído, después de dar una vuelta que le sacó del camino marcado por la valla del polideportivo y que le hizo regresar a él por Virgen de Nuria. Es decir, que se había acercado peligrosamente a Virgen del Castañar, donde vivían sus padres y donde Luis suponía una fuerte vigilancia policial. Era la segunda distracción (o el segundo intento) que podía haber dado fin a su huida. La permanencia en un punto equidistante de los lugares más peligrosos —la casa de su mujer y la de sus padres— podría ser esa tercera distracción (o intento) que temía estar cometiendo junto al cierre metálico de la farmacia, mientras golpeaba el pie derecho contra la pared para aliviar un poco la humedad que empezaba a sentir a través del calzado.

Finalmente, con un retraso de diez o quince minutos, llegó el farmacéutico y abrió el aparatoso cierre ante la presencia febril del Vitaminas y bajo unas gotas enfurecidas que venían de nuevo acompañando al viento. Ya en el interior, y mientras el farmacéutico cambiaba la gabardina por la bata, el Vitaminas se pesó e hizo incluso un par de comentarios sarcásticos sobre su delgadez para mostrar una desenvoltura que disipase en el farmacéutico cualquier sospecha en relación a un posible atraco o robo. Al fin, entre un par de bostezos mal contenidos, el de la bata se puso a trabajar.

—¿Qué desea?
—Verá, quisiera unos supositorios para la garganta.
—¿Anginas?
—Sí, anginas, y una faringitis aguda, y una seria amenaza de bronquitis. Conozco el proceso: empieza inocentemente con un ligero carraspeo, y al final acaba uno diez días en la cama oliendo a jarabe y sin poder encender un cigarro. Por eso me gustaría, si es posible, que los supositorios fueran balsámicos para ir protegiendo los bronquios.
—Con eso no hace usted nada.
—¿No?
—No. Yo, si usted quiere, le puedo vender un jarabe con extracto de eucalipto que le dará la sen-

sación de tener los bronquios despejados, y que incluso le facilitará considerablemente la expectoración, pero si lo que usted desea es atacar el mal en su raíz trátese con antibióticos. Una ampicilina, por ejemplo. Toma usted una dosis de ataque de quinientos miligramos, luego doscientos cincuenta cada seis horas, y le aseguro a usted que en cuarenta y ocho horas ha cortado la infección.
— ¿En cuarenta y ocho horas?
— Así es. Claro que después debe seguir tratándose para evitar una recaída. ¿Es usted, por casualidad, alérgico a la penicilina?
— No, a la penicilina no.
— Se lo decía porque, si lo fuera, tampoco podría tratarse con ampicilina.
— Ah.
— Mire, se va a tomar entero este frasco que me parece que tiene dieciséis cápsulas.
— ¿Cuánto cuesta?
— Vamos a ver. Ochocientas quince con noventa, ochocientas dieciséis.
— Déjelo usted, es muy caro. Me llevaré unos supositorios y si acaso unos optalidones para la cabeza.
— Como quiera, pero ya le digo que con eso no hace usted nada. En todo caso una mejoría pasajera, sobre todo si lo suyo es crónico.
— No sé hasta qué punto podríamos aplicar ese adjetivo a mis enfermedades. Es cierto que no es la primera vez que las padezco, pero también es verdad que de un modo muy irregular y misterioso.
— ¿Misterioso?
— Sí, misterioso, porque con frecuencia paso largas temporadas en las que la bronquitis, por ejemplo, me rodea sin llegar a atacarme directamente. Yo la huelo en seguida. No le molesto, ¿verdad? Gra-

cias. Decía que la huelo en seguida. Son temporadas en las que escupo con una frecuencia no habitual en mí, y hasta diría, aunque esto no lo he comprobado científicamente, con un termómetro, que al atardecer tengo alguna décima, algo sin importancia y agradable hasta cierto punto, pues con esa sensación que se instala en las ingles y en las rodillas uno se acuesta como ensimismado, y se levanta con estupor y con una cierta curiosidad por ver qué es esto de pasar el día.

—Eso va a ser otra cosa.
—¿Perdón?
—No, que esos síntomas, aunque yo no soy médico, me parecen más cercanos a una enfermedad infecciosa. Yo diría, concretamente, que son fiebres tifoideas.
—¿Qué síntomas? ¿El ensimismamiento y el estupor?
—No, hombre, las décimas del atardecer.
—Bueno, ya le digo que quizá no sean décimas. Usted, que aunque no es médico debe de poseer un caudal de conocimientos muy amplio, sabrá que muchas de las cosas que se perciben a través de los sentidos son falsas. La fiebre, por ejemplo; qué cosa más fácil para este gran laboratorio que es un cuerpo producir, a intervalos, ligeros aumentos en su temperatura, aumentos, como le digo, espaciados que los sentidos registran como sucesivos.
—Si entra usted dentro de lo meramente psicológico...

Y dentro de lo meramente psicológico se decidió a entrar Luis, el Vitaminas, en vista de la expresión de dicha que adivinó en el farmacéutico, que le invitó a sentarse en una silla situada junto a la báscula. Mientras se dirigía a la silla, el Vitaminas miró disimuladamente hacia la calle. La lluvia arreciaba por momentos y comenzaba incluso a actuar con independencia del viento. Luis sentía los párpados hinchados y la mirada insegura, pero consiguió, mientras se sentaba, extraer del repertorio un gesto de autoridad que convirtió en concesión suya el favor del farmacéutico.

Había decidido permanecer allí hasta que cesara de llover porque aceptaba ya que no tenía adónde ir. Mas lo inquietante de tal aceptación, que había tenido lugar en un momento indeterminado, hábilmente camuflada entre dos instantes de dolor y un gesto de duda, no era su consecuencia inmediata (la demora en el establecimiento farmacéutico), sino la información o el aviso que se ocultaba tras ella. Porque no tener a quién ver a estas alturas de su vida era, más que un hecho doloroso y triste, una situación lamentable.

De qué manera habían perdido estos sucesos cualquier posible relación con lo mitificable —lo que se nombra triste y doloroso— hasta convertirse en visión espantosa (la diferencia entre el suicida que se toma un café y se retira el pelo de la cara mientras con cierta gracia habla de su próxima muerte, y entre el ahorcado que con la lengua fuera de la boca se balancea sobre los posos del café, sobre la estafa del disfraz que, tras lo abstracto, escondía lo sórdido) era una cuestión adyacente tal como preguntarse en dónde pudo conseguir el muerto cuerda tan eficaz. Y no es que se encontrara falto de recursos (el farmacéutico continuaba con la boca abierta), sino que la grandilocuencia, al igual que ese sufrimiento interior que había cultivado con el mismo espíritu con el que una viuda cuida de sus flores, no fueron en su caso signos de particularidad, sino la máscara tras la que se ocultaba su torpeza.

Ahora llovía con verdadera fuerza, y de tal manera el agua y las nubes oscurecían el ambiente que la calle, vista desde el establecimiento pobremente alumbrado con un tubo de neón, parecía la entrada de una cueva más que un conducto hacia la luz del día, o hacia la dudosa libertad de las arterias mal empedradas y peor dispuestas, según convenía a la imagen que de sí mismos debían de tener los habitantes de aquel barrio. Y mientras tanto Luis, el Vitaminas, enumeraba con escasa prudencia aquellos casos de curación extraña que, habiéndose aceptado en su día como milagrosos, hoy eran importante argumento de la relatividad de todo, incluido naturalmente lo divino. Con la mano izquierda o con la derecha, a intervalos irregulares, exploraba los bajos de la silla y se complacía en arrancar con las uñas las adherencias, por lo general deshidratadas, que detectaba con la yema de los dedos. Se daba tiempo antes de aceptar como definitivas las consecuencias imprevistas de su orfandad, y modificaba hábilmente sus juicios extremos sobre la frágil naturaleza de lo milagroso en vista de la expresión inquisidora del comerciante.

Pero ya era imposible recuperar el clima, la confianza y el tono magistral que se había diluido en una afonía progresiva de desastrosos efectos. Aquí tiene los supositorios y un tubo de optalidones, dijo por fin el comerciante envolviendo los fármacos con movimientos bruscos. El Vitaminas abandonó la silla, se achicó un poco dentro del abrigo en busca de una sensación de calor, y pagó con unas monedas al dependiente ofendido.

No era raro en él equivocarse con aquellas personas cuya atención intentaba atraer, pero también hasta entonces había interpretado tales sucesos como peculiaridades de su carácter que no hacían sino alimentar la imagen que de sí mismo venía levantando trabajosamente desde la misma infancia. Con su amigo Jorge había cometido abundantes errores de este tipo que en virtud de un extraño mecanismo habían funcionado como rarezas atractivas. A los pocos días, precisamente, de conocerse en una fiesta en la que Jorge se había referido públicamente al enfermizo aspecto de Luis, éste oyó tras de sí cuando se disponía a entrar en la academia: eh, tú, Vitaminas. Y al volverse vio a Jorge con unos libros deshojados bajo el brazo.

su o distancia la imagen uno de su nuevo yerno, le vantando (parrao 81018). Bueno, la maestra, quiero decir, Caty, se arrimó luego, habia contadito chispeante, entonces, de esto, dijo que en virtud de un extraño maleficio, habían tumorado comportarse atentos. A los ocho días, precisamente, de Chiloagas, en una fiesta en la que logró haber reunido en hermandad, identificado abierto, gesture, este experimento se demandó disculpa a Stepania, acaso decía, de fe, Villamunar, y al volverse el juego con una flor, estuficado, bajo el baile.

La academia estaba situada en un antiquísimo edificio de la calle de Fuencarral, muy cerca de Malasaña, donde vivía la familia de Jorge. Luis había hecho allí todos sus estudios con una media beca no oficial, que le fue concedida en virtud de una cierta dependencia económica que unía a su padre con el director del centro. Mientras subían por la derruida escalera, Jorge puso a Luis al corriente de su situación. Le explicaba, deteniéndose en los oscuros descansillos para tomar aire, que había sido expulsado del Instituto San Isidro a mitad de curso y que sus padres no habían encontrado un sitio mejor, o al menos con tanta hambre de alumnos. Me han matriculado hace una semana, pero es la primera vez que vengo. ¿Qué curso haces?, preguntó Luis. —Sexto, me parece, ¿y tú?—. Lo mismo; estaremos juntos. Al entrar en el aula desconchada y rota Jorge se separó del Vitaminas y fue a sentarse solo en un banco retrasado. Intentaba aclarar que el hecho de haber contado a Luis su situación no le ataba a él de ningún modo. Pero Luis no captaba ciertas aclaraciones y en seguida cometió el primer error al abandonar su sitio habitual, junto a la ventana, para sentarse al lado de Jorge.

La ocasión del segundo error se presentó una hora después, durante la clase de francés, y también Luis la aprovechó. Había sucedido que el apolillado profesor de esta materia viendo una cara nueva se creyó en la obligación de llamar la atención sobre ella al resto de los alumnos, «porque los primeros días uno no conoce a nadie y anda como desorientado». No se preocupe, cortó Jorge, ya conocía al Vitaminas, y señaló a Luis con naturalidad. Todos rieron la gracia, incluso el profesor cuando vio que Luis se equivocaba riéndose también con una sencillez sospechosa.

Aquella clase, en la que se estudiaba el último curso del bachillerato, estaba compuesta por unos quince alumnos de los que solamente dos o tres tenían la edad relacionada con el curso. El resto, entre los que se contaba a Luis, el Vitaminas, y ahora al propio Jorge, tenían todos de dieciocho a veinte años, retraso que por lo general se imputaba al hecho de ser alumnos libres. También había tres chicas que a fuerza de no cambiar de indumentaria y de asistir a cada clase con una regularidad sorprendente participaban más de la condición de los bancos, o de los enseres en general, que de la de alumnas. Y las relaciones que la mayoría masculina mantenía con estas chicas no eran pues muy diferentes de las que mantenían con las mesas, las paredes, o ciertos rincones de la academia: A pesar de la amplitud del aula, que permitía la dispersión del alumnado de manera que los profesores tuvieran la impresión de dirigirse a una clase numerosísima, siempre había alguien sentado junto a cada una de las chicas. No era cada día el mismo, sino que en virtud de un acuerdo tácito, y con la ayuda de abundantes sobreentendidos habían llegado a establecer un turno rotativo escrupulosamente respetado por todos. Quienes como Luis, el Vitaminas, preferían ser fieles a una chica —con el mismo tipo de fidelidad que se le guarda a un mueble, a una letrina, o al rincón de los ejercicios solitarios— habían de permanecer más días en su lugar habitual antes de sentarse junto a la chica cuya elección no había sido fruto del cálculo, sino del azar, como el puesto que se ocupa en las trincheras. Los otros disfrutaban de la proximidad de las chicas durante tres días seguidos y al cuarto tenían abundantes ojeras. Cada uno pensaba que su experiencia con las alumnas era única; y esto no sólo por evitar el deterioro de la propia imagen, sino más bien como ejercicio de negación cuya práctica habría de serles necesaria en los años futuros.

Por lo demás, los profesores estaban clasificados en dos grupos: aquellos que como el director tenían en la ropa y en la piel surcos ennegrecidos, semejantes a los que atravesaban los tableros de las mesas o los marcos de las puertas, seres extraños de sabiduría muerta cuya existencia parecía no tener sentido fuera de aquel desorden de aulas semivacías y turbias; y aquellos otros, jóvenes en su mayoría estudiantes universitarios de las distintas ramas del saber, que no solían durar en la academia más de quince días o un mes, el tiempo justo para reconocerse de algún modo en aquel espejo y huir hacia otros barrios en busca de una imagen más dotada para el disimulo. Se conocía sin embargo el caso de uno de estos últimos, profesor de matemáticas, que al cuarto mes aún permanecía allí, y que había aceptado algunas prendas de vestir, una chaqueta negra y dos pantalones grises, desechadas por el director. A los quince días de utilizarlas su piel había adquirido una enfermedad que se manifestaba en el rostro y en las manos en forma de frecuentes rosetones muy parecidos a los desconchados de las paredes. A partir de este momento los alumnos perdieron cualquier vestigio de interés personal por dicho profesor, porque inconscientemente adivinaban que integrarse en aquel medio significaba caer en la no historia y por lo tanto en una situación en la que las referencias personales carecían de sustancia, como la edad o el parentesco de un cadáver.

En cuanto al director del establecimiento, se trataba de un ser profundamente indeterminado, y había entre los alumnos quien pensaba que su forma humana y sus maneras no eran sino consecuencia de la indumentaria que le comprimía mientras duraban las clases, pero que al quitarse la ropa por la noche su naturaleza incierta se esparcía por los pasillos y las aulas con el placer extraño de la identidad recuperada. Al día siguiente, antes de abrir la academia, se introducía de nuevo en las prendas que moldeaban su materia y fingía dirigir el centro. Vivía con una hermana, igualmente soltera y gelatinosa, que se encargaba de cobrar los recibos y de la administración en general. La vivienda de ambos estaba situada en un recodo de aquel laberinto derruido, pero el baño y otros servicios eran comunes al negocio y al hogar. Naturalmente, todo el mundo imaginaba que los dos hermanos mantenían unas relaciones incestuosas profundamente ambiguas.

En este medio volvieron a encontrarse Jorge y Luis, el Vitaminas. Durante aquella su primera mañana en la academia Jorge actuó de un modo raro y perfecto, como un actor que sabe ignorar la presencia no siempre favorable del público. Luis le observaba torpemente y admiraba en él aquello —la voluntad o la indiferencia— que le hacía capaz de no mirar a nadie, ni siquiera a las chicas. Unas horas más tarde la impaciencia de Jorge descubriría su juego al Vitaminas. Al parecer al final de la última clase Jorge se había decidido por fin a mirar directamente al resto de los alumnos. Luis le había visto observar los perfiles de las chicas con creciente angustia, como si no encontrara a alguien de cuya presencia allí hubiera estado seguro hasta el momento. Finalmente en la calle se había descubierto:

—Oye, Vitaminas, ¿no estudia aquí la chica de la reunión del otro día?

—Quién, ¿Julia?

—Sí, la que me parece que estaba contigo.

—No, no. Es una chica del barrio.

—¿Por dónde vives?

—En la Concepción. ¿Vas hacia abajo?

—No, vivo ahí al lado, en Malasaña. ¿Dónde está eso de la Concepción?

—Más allá de Ventas. Hacia la Cruz de los Caídos. Es un barrio en el que todas las calles tienen nombre de vírgenes.

—Qué excitante. ¿Sois novios?

—Quiénes, ¿Julia y yo?

—Claro.

—Sí, creo que sí.

Se despidieron hasta la tarde ignorantes de cuanto acababa de sucederles. Tal vez el Vitaminas presentía algo mientras bajaba por Sagasta. Era febrero, y la escasa gabardina apenas le aislaba del frío exterior. Estaba un poco aturdido, como siempre a esa hora, a causa de los gases desprendidos por las deficientes estufas que caldeaban la academia. Mas a pesar del estupor no dejó de anotar en su memoria la favorable posición en la que la casualidad le había situado en lo referente a sus relaciones con el nuevo compañero. Intuía en efecto que para Jorge, desde aquella mañana, la vida se había convertido en una tregua cuyo fin dependía únicamente de él, porque para quebrarla no necesitaría más que pronunciar en vano el nombre de Julia. En cuanto al mote —inevitable ya— mejor no hacerle frente; a fin de cuentas el sarcasmo perdía aire por alguna esquina, porque Luis amaba como pocas cosas su cara de tuberculoso que era, al tiempo que una advertencia —tal vez una amenaza—, la señal evidente de una distinción que hasta el momento había funcionado. Seguramente Jorge ignoraba que quien no se deja motejar hace de su propio nombre el peor de los motes, por cuanto al confiar en él toda posible referencia a su persona admite al mismo tiempo que nada de destacar hay en ella, ni siquiera un ligero estrabismo, una imperceptible cojera o una disposición original de los dientes; nada, excepto la paz mediocre que se adivina tras los nombres todos

A la derecha de Jesús Villar, tras la mesa portátil sobre la que está la máquina de escribir, hay un armario metálico de dos puertas parecido a las taquillas de los cuarteles o a los roperos que se utilizan en los vestuarios de algunos centros deportivos. El comisario ha encendido una lámpara colocada en el extremo de un brazo flexible que hay sobre la mesa, a su derecha. También está encendido el tubo del techo cuya luz, blanca y pegajosa, alcanza —con cierta calidad de niebla— cada rincón del despacho. El resultado de la combinación de estas dos luces, a las que se suma la claridad escasa, aunque determinante, que atraviesa la ventana, es un ambiente espeso dispuesto a condensarse sobre la superficie parda de la mesa o en las teclas de la máquina de escribir, o en el humo de un cigarro que el comisario acaba de encender. Jesús Villar modifica ligeramente su postura y se desabrocha el abrigo.

—Bueno, ahora ya puede contarme todo —dice por fin el comisario.

—¿Se lo cuento desde el principio o espero a que usted me vaya preguntando cosas?

—No; cuéntelo a su manera, como si yo no fuera un policía ni esto una comisaría.

— Bueno, yo lo vi todo; en parte porque esta mañana me dormí, y en parte porque soy un buen observador y con frecuencia advierto cosas que el resto de la gente, distraída con el periódico o con sus propios problemas, ni siquiera sospecha. Ya sabe usted a lo que me refiero; en el metro, por ejemplo, hay personas que se hacen señales casi imperceptibles desde un andén a otro. Con frecuencia son novios que acaban de despedirse porque llevan direcciones opuestas. Algunas veces, sin embargo, estas señales se producen entre gente que no son compañeros de trabajo, ni hermanos, ni siquiera los conocidos que no se ven desde las últimas navidades y que al encontrarse separados por las vías del metro se saludan a medias para no llamar la atención de los cazadores de gestos; no, a veces la comunicación secreta (gestos de inteligencia, movimientos absurdos con las manos, etc.) se da entre dos hombres cuya relación es impensable y terrible, si usted me lo permite. Son gente rara que hablan poco, y que al cruzarse en la calle levantan las cejas y murmuran al oído del otro dos o tres frases antes de seguir la dirección siempre contraria de su comunicante. Otras veces la señal se lanza desde la ventanilla trasera de un autobús, en el momento mismo en el que éste arranca, y va dirigida a alguien que ya estaba en la parada cuando llegó el autobús, pero que no se subió a pesar de haber guardado cola. Pues bien, esta mañana llegué a la boca del metro de Pueblo Nuevo (yo vivo en Caudillo de España, a dos minutos de Alcalá) y me encontré con un pequeño tumulto. En el momento mismo de alcanzar el grupo vi salir de él a un hombre de veintisiete a treinta años. Yo aún no sabía lo que pasaba, pero en ese instante adiviné que, fuera lo que fuera, aquel hombre estaba relacionado con el suceso. No me pregunte por qué. Su delgadez extrema, sus labios exangües, además de un pelo corto y de un abrigo arrugado, eran para mí señales de algo que estaba sucediendo y que nadie a mi alrededor advertía. Bajé entonces un par de escalones y me asomé al centro del grupo: había un hombre retorciéndose y la gente trataba de ayudarle de forma desordenada y autoritaria. Quiero decir que todos pretendían protagonizar el caso, ser tan importantes como el enfermo o el herido que se asfixiaba apresado por tantas manos, mientras que con las suyas intentaba inútilmente sujetar su dolor. Yo adiviné en seguida —tampoco me pregunte por qué— que se trataba de un policía y salí como un rayo hacia la superficie. El hombre delgado (entonces me pareció más bien un muchacho) continuaba allí. Tenía las manos en los bolsillos del abrigo y miraba a lo lejos a alguien que estaba detenido, y que inmediatamente, tras una mirada insegura, levantó el pie izquierdo y apoyándolo en un saliente de la pared se puso a atar el cordón muy despacio, exageradamente despacio en mi opinión. Yo había advertido entre los dos hombres una señal cuya evidencia era tan escasa que no me atrevería a firmarla en un documento. Antes de que el hombre que se ataba el cordón del zapato izquierdo se incorporara, el que estaba junto a mí dio media vuelta y comenzó a andar distraído en dirección contraria, hacia Quintana. Entonces yo crucé a un bar que hay en la acera de enfrente, el del Cojo, y les telefoneé.

— ¿Reconocería usted a ese hombre?
— Sí, sí, seguro —responde Jesús Villar en el momento mismo en el que se abre la puerta y alguien, a su espalda, se pone a las órdenes del comisario

añadiendo: ya han retirado el Jeep; el inspector Núñez se ha quedado en un bar que hay frente a la casa. Tenemos el teléfono.

Desde la cocina el llanto de la niña parecía menos violento y resultaba también menos crispante para Jorge, que con una bayeta recogía la leche derramada sobre la plancha. Olía a gas, de forma que Jorge decidió abrir la ventana a pesar del frío y de que entraban algunas gotas empujadas por el viento (mientras hacían el amor, la leche se había derramado apagando la llama de suerte que el gas estuvo escapándose sin arder durante algunos minutos: apenas una amenaza que Jorge advirtió sin recrearse en ella). Puso más leche en otro recipiente y después de colocarlo sobre un fuego salió al recibidor y del recibidor entró en el salón. La puerta de la cocina, que había quedado entreabierta, se cerró con estrépito a sus espaldas. Hay corriente, dijo. La niña había dejado de llorar en un momento impreciso.

Antes de llegar al sofá oyó la voz de Julia que desde la habitación le preguntaba: qué haces, Jorge. Nada, respondió, que se ha salido la leche. Ya he puesto más. Recogió la camisa del suelo y se la colocó despacio, deteniéndose más de lo preciso en cada botón. Intentaba hacer frente con esta actitud tranquila a los problemas que al ritmo de la mañana se instalaban en aquellos puntos de su existencia señalados por los menesteres habituales. Pero esta recuperación progresiva de los temores cotidianos no tenía en modo alguno el objeto de resolverlos, ni siquiera de asumirlos, sino más bien de asegurarse de que continuaban allí y en orden semejante al de todos los días. El ingrediente nuevo y no esperado de la lluvia complicaba el desajuste iniciado con la visión del Vitaminas; aunque tal vez ambos eran en el fondo un síntoma de evolución o de crisis de aquellas cosas —el trabajo absurdo, los compañeros irritantes, las relaciones con Julia y con la niña, etc.— que habían dejado con el tiempo de ser actos, sucesos, para convertirse en signos de una enfermedad consuntiva de trayectoria imprevisible. Mas a pesar de que Jorge intentaba dar a los aconteceres de su vida el tratamiento de fenómenos aislados, delatores únicamente de la existencia de algo que se moviera, no podía evitar de vez en cuando la sospecha de que tales sucesos eran indicios de un posible argumento que se removía ciego y desesperado en el fondo de una espesa mezcla de la que a veces parecía emerger, aunque hasta el momento no hubiera superado jamás el grado de existencia de un fantasma: algo que muestra el bulto pero no la forma. En seguida apareció Julia con la pequeña en sus brazos. La niña estaba ya arreglada y vestida, pero Julia continuaba con la bata. Parecía cansada y se sentó en el sofá después de dejar a su hija en el suelo. No para de llover, dijo. Después miró a Jorge, que estaba distraído, con la corbata a medio anudar, junto a la mesita del teléfono.

— ¿Qué te pasa?
— Nada, estoy pensando que de un momento a otro van a telefonear.
— ¿Quién? —pregunta Julia al tiempo que eleva

los brazos y junta por detrás de la cabeza las crenchas de su pelo. (En la mejilla izquierda y en la comisura de los labios aparecen algunos restos de la violencia descargada por Jorge.)

—Los del banco. Ya han aguantado bastante.

—Si quieres, llamo yo y digo que estás enfermo —responde mientras vuelve hacia Jorge la parte izquierda de su rostro.

—No, déjalo, da igual —y sale hacia la cocina para vigilar la leche.

Entretanto la niña explora a gatas los alrededores de su madre; la mira a veces con gestos de distancia o con expresiones de adulto que la casualidad dibuja en su rostro. El color del día y la humedad comienzan a invadir el piso con un tono determinante o preparatorio. Julia se descubre los pechos y con los dedos busca a través del dolor la memoria de los golpes. Al cabo encuentra las señales que de alguna manera le confirman la verdad de un instante dichoso, como los restos de alcohol en los vasos en un amanecer torpe o dolorido. Cuando Jorge regresa de la cocina con los desayunos, le dice yo tampoco voy a trabajar; llueve mucho. Además me has dejado muchas señales en la cara (Jorge sonríe) y en los pechos; mira. ¿Qué iban a decir mis alumnos? Jorge deja las tazas en la mesa. En mis tiempos, contesta, a las profesoras les veíamos a veces las bragas, y aun eso con gran riesgo, pero jamás tuve la oportunidad de asomarme a un escote. Tonto, dice Julia con un sabio ademán que, lejos de evitar las miradas de Jorge, las provoca.

Mientras toman la leche con café, revisan las cuestiones prácticas originadas por el día de libertad no previsto con tinta roja en los calendarios. Se divierten con la búsqueda minuciosa de pequeños detalles que se engarzan y desembocan con frecuencia en catástrofes derivadas de su falta de seriedad laboral. Mas por debajo de la conversación disparatada y de las risas, a un lado de las miradas de aprobación u hostilidad de la niña, y en el centro, en fin, de un desamparo imbele curtido por el grado de aceptación o de necesidad de una realidad fija, comienza a discurrir un texto no dicho pero escrito en el aire de la pequeña habitación con los movimientos de las manos, la dirección de las miradas, y la presencia incluso de la niña, a quien en seguida preparan un desayuno y encierran luego en su habitación repleta de cartulinas arrugadas y de animales de plástico. No quieren perder tiempo porque conocen cuanto de gratuito hay en esa indiferencia que ahora sienten por el trabajo, y saben que en cualquier momento puede trocarse en angustia o, por lo menos, en un agobio mortificante y esterilizador. Por eso, ya mientras Julia se lava en el cuarto de baño, Jorge la persigue a través del reducido espacio y golpea con precisión los lugares más deseados de su cuerpo desnudo: toma venganza de una adolescencia determinada por aquellas caderas indiferentes a su dolor profundo; y crece su violencia al tiempo que también, de algún modo, el objeto sobre el que la descarga; y así el cuerpo de Julia pierde o recupera sus límites al ritmo de su identidad, que con la crecida de los golpes atraviesa en sucesión los posibles modelos de todo aquello con lo que Jorge no ha concebido nunca otras relaciones que las basadas en la violencia o la transgresión.

Para Julia, que con los mismos gestos con los que intenta defenderse procura asimismo provocar nuevos golpes, aquello no deja de ser también en cierto modo una reivindicación: el dolor reivindica sus pechos y los dos abanicos de sus nalgas, y su pelo, que se le cruza por delante del rostro y le ayuda a sentirse bella y codiciada por aquel cuya agresividad le devuelve a una no olvidada tarde de domingo, no al modo de una antigua canción que recupera los momentos antiguos pero que jamás los resuelve, sino a la manera de una guerra cuyos sucesos y cadáveres vengan definitivamente un pasado flébil o estólido. Pero por las ventanas de la casa no entra la luz del sol deshilachada por el calado de las cortinas o dividida por la carpintería de aluminio, sino la penumbra de una mañana tormentosa cuya pesada luz no alumbra nada, excepto los aspectos más negros de la propia tormenta; algo preparatorio que se resuelve al fin en el sonido del timbre de la puerta. Ambos lo oyen y parece como si el tiempo se hubiera congelado hasta que una segunda llamada confirma la existencia de unos dispositivos de vigilancia momentáneamente olvidados. Jorge se arregla la corbata y esconde en su sitio los faldones de la camisa mientras, temeroso, se dirige a la puerta: Es el portero —cara de ratón sonriente y amable siempre hasta la sospecha—, que lanzando miradas por encima de los hombros de Jorge o por sus costados inspecciona la parte visible del salón.

—Buenos días, don Jorge. ¿Está la señorita Julia?
—Ahora no puede salir. ¿Qué pasa?
El portero encaja bien la negativa. No le preocupa el tono apremiante, un poco grosero, de Jorge. Esconde algo que le hará dominar la situación.
—Verá usted, es un poco delicado y aquí, en la escalera...
— Pase —dice Jorge, asustado. Mientras cierra la puerta, el portero interpreta a su gusto la amplia invitación y entra hasta el salón. Jorge le sigue decididamente molesto y tras cerrar la puerta que conduce al resto de la casa se vuelve hacia él—. ¿Qué ocurre?
—Es por lo de don Luis. La policía está abajo porque le han visto esta mañana por el barrio, y, claro, piensan que lo más lógico es que venga a casa de su mujer —dice esto con un tono escondido y con un gesto de pudor que consigue evidenciar la situación de amancebamiento en la que vive Jorge—. Además, como yo les he dicho que ni usted ni la señorita Julia han ido hoy a trabajar, pues claro, han sospechado en seguida, aunque también les he dicho que yo no he visto pasar a don Luis por el portal; y eso que no me he movido de él desde

muy temprano. La policía, como yo soy guardia civil jubilado, ha preferido que subiera yo para evitar el escándalo.

—¿Qué escándalo? —dice Jorge, que no comprende de qué le habla el Ratón, pero que tampoco quiere preguntárselo para evitar el grado de dependencia en el que comienza a hundirse—. ¿Por qué va a haber un escándalo?

—Hombre, ya sabe usted; pueden entrar con una orden de registro y todo eso. Y como usted y la señorita no están...

—No estamos casados. ¿Y qué?

—Bueno, pues que todo se complica. En fin, yo se lo digo por su bien. A mí me da igual, que para estas cosas he sido siempre muy abierto.

—Mire —le dice Jorge, derrotado y nervioso—, no hemos ido a trabajar porque esta noche se ha puesto mala la niña. Esta mañana, cuando usted me ha visto entrar, es porque venía de buscar una farmacia de guardia para comprar piramidón, porque tenía mucha fiebre —se da cuenta en seguida de que esta mentira estúpida le ha sometido definitivamente al portero, y sólo desea que Julia esté escuchando tras la puerta para que no haya contradicciones, porque inmediatamente se vuelve y grita—: Julia, ven un momento, por favor.

Y viene Julia, y como una mala actriz dice corriendo buenos días al portero y sin transición pone a Jorge al corriente del estado de la niña:

—Parece que ahora no tiene fiebre. La he vestido y se entretiene con los juguetes en su cuarto.

El portero le mira con disimulo las piernas y el escote, el lugar de la bata que más promete. Dice:

—¿No será nada de cuidado?

—No, no; unas anginas —responde Julia.

—Verás —interviene Jorge—, Dionisio va a echarle un vistazo a la casa para decirle a la policía que no está aquí tu marido. Así nos evitamos que suban y todo eso.

—Ah, muy bien —dice Julia como si se tratara de algo habitual—. Pase y perdone que esté todo tan desarreglado, pero ya sabe usted, a estas horas están todas las casas igual.

—No se preocupe usted, señorita, que yo soy ciego para el polvo y la ropa sucia.

El Ratón, con gestos aprendidos en las películas americanas y repetidos hasta el aburrimiento en su garita de portero, husmea la casa. Sabiamente adereza su actividad con un aire de rutina que hace menos ofensivo a los habitantes del piso el inoportuno registro. En la habitación de la niña se detiene y hace comentarios elogiosos acerca de su crecimiento o de sus grandes ojos. Asegura en definitiva el mantenimiento de su propina mensual al tiempo que sorprendentemente gana en autoridad y prestigio. Ya en la puerta de salida, pide disculpas; mas de inmediato, como compensación a ese gesto de humildad, expresa con cierta ironía sus deseos de que la niña mejore:

—Lo dicho; que no sea nada. Y ustedes no se preocupen que yo hablaré ahora mismo con el inspector. Está en el bar de enfrente esperando mis noticias.

—De acuerdo, Dionisio, muchas gracias —dice Jorge al tiempo que con gesto furtivo le pasa un billete.

Cuando el Ratón se marcha, tal vez con una imagen de sí mismo que no consiguió levantar en treinta años de servicio al cuerpo, Julia y Jorge entran silenciosos en el salón. La niña, en su cuarto, no llora. Los objetos están desordenados y el teléfono es una amenaza negra. Gotas desmesuradas golpean el ventanal que se abre a una estrechísima terraza: apenas metro y medio cuya utilidad se reduce a la de almacenar todo aquello que se desecha, pero que no se tira.

—¿Por qué le has dado veinte duros? —dice Julia.
—No lo sé; ha sido una tontería.
—Deberíamos haberle preguntado por qué persiguen a Luis.
—No lo he hecho para evitar que se creciera. Ya has visto que hablaba como si lo supiéramos todo. Seguramente viene en el periódico. Voy a ir a comprar uno ahora mismo.

En los días que siguieron a la llegada de Jorge a la academia, Luis, el Vitaminas, se sentó junto a él como el primer día. Al principio resultaba chocante no verle en su sitio habitual junto a la ventana, pero pronto el transcurrir perezoso de las clases, capaz de dar olvido a la memoria más nostálgica, selló el nuevo orden con tal eficacia que a los pocos días nadie habría recordado su antiguo emplazamiento. Al acabar las clases, y como prolongación de su proximidad durante ellas, solían pasear por los alrededores de la Glorieta de Bilbao y hablaban largamente acerca de las abstracciones de las que se suele hablar a esas edades. Algunas veces, si tenían dinero, entraban en el Comercial, y ante dos vasos de coñac con hielo y agua de seltz —para que el líquido durase más— provocaban algunas confidencias que olvidaban al salir a la calle con la misma naturalidad con la que se sacudían el polvo de una manga al abandonar la pizarra. El sábado al mediodía se despedían hasta el lunes, y era de suponer que el Vitaminas salía con Julia. Jorge jamás hablaba de lo que había hecho durante el domingo. En realidad jamás hablaba de sus actividades fuera de la academia, como si sólo empezase a existir al entrar por Malasaña en la Glorieta de **Bilbao** en busca de Fuencarral. Por lo demás, se complementaban perfectamente, y abusaban en sus conversaciones del automatismo (un cierto tipo de automatismo subdesarrollado) propio de una adolescencia que —entonces no lo sabían— habría de prolongarse más allá de su juventud hasta convertirse en algo molesto y difícil de sacudirse, como el cadáver de Dios, o como el barrio en el que aprenderían a jugar al billar y a manipular las máquinas tragaperras con habilidad notable.

Al poco tiempo de la llegada de Jorge a la academia, se les unió en sus paseos postescolares el Lefa, apodo inventado por Jorge y cuyo origen era tan ambiguo como el ser al que se refería. El padre de este muchacho tenía una farmacia en la calle de la Palma en la que aún se utilizaba el mortero para fabricar determinadas recetas. La verdad es que el Lefa, hasta el momento de ser bautizado con este apodo, apenas tenía nombre; era un muchacho con cara de enfermo crónico de estómago (según él padecía de espasmos de tipo nervioso) que tenía abundantes granos, y que compensaba la escasez de sus intervenciones en las polémicas entre Jorge y el Vitaminas con un conocimiento sorprendente de términos médicos aprendidos en los prospectos de las medicinas. Solía robar en la farmacia de su padre aquellos que más le gustaban, y a veces se los leía a sus amigos como quien leyera una composición recién escrita. De este modo, y a tenor de los prospectos que caían en sus manos, los tres amigos creyeron padecer sucesivamente un priapismo agudo (además de que les encantaba la palabra, juzgaban que este mal era la consecuencia de una potencia sexual excesiva), un cáncer de pulmón, algunos vértigos causados por el deterioro de los órganos auditivos, y aun otras enfermedades de peores consecuencias que, por prometer la muerte a una edad en la que no se cree en ella, servían de consuelo y de estímulo a una adolescencia gris y mal trajeada. Por lo demás, el Lefa tenía fama de salido (una acentuación del instinto venéreo, que decía él) y de raro: lo primero por su evidente nerviosismo en los días que precedían a su turno junto a las chicas de la academia; y lo segundo, porque jamás se dejaba masturbar por ellas, sino que cuando juzgaba estar a punto, pedía permiso al profesor y se marchaba a masturbarse en el servicio. Jorge, que tardó mucho en pedir la vez por mantener un cierto prestigio originado por su despego, afirmaba que esta actitud era un síntoma de limpieza, pues en su opinión no dejaba de ser una marranada andar todo el día con los calzoncillos sucios.

Hubo de ser precisamente el Lefa quien empujara a Jorge a participar en la rueda de las chicas. Al salir de la academia le explicaba con mirada febril las ventajas del juego utilizando algunos términos médicos, que con frecuencia apenas tenían relación con el asunto del que se trataba, pero que daban al discurso una seriedad científica sin cuyo apoyo Jorge jamás se habría decidido. Fue preciso esperar —para hacerlo de manera poco ruidosa— a que enfermara un compañero pocos días antes de llegarle el turno. A los enfermos, normalmente, los sustituía el Lefa, pero en aquella ocasión, y después de larguísimas discusiones en el Comercial o en la calle, se decidió que el sustituto sería Jorge. Faltaban dos días en los que su angustia alcanzó límites hasta entonces desconocidos para él. Deseaba con todas sus fuerzas que el compañero enfermo se curara para el día señalado, al mismo tiempo que —apresado por el deseo— buscaba las justificaciones que luego habrían de repetirse, casi en el mismo orden, a lo largo de su adolescencia toda y de su juventud. Finalmente, el compañero enfermo no acudió a la academia la mañana temida, y Jorge —en la segunda hora— aprovechando el pequeño intervalo producido entre clase y clase, cogió sus libros y se fue a sentar junto a la chica que iniciaba la rueda. En la pizarra, como en un sueño, el profesor oscuro hablaba de San Anselmo y parecía entusiasmarse a ratos con algunos aspectos del ontologismo; y mientras sus brazos cubiertos por unas enormes mangas negras aleteaban al llegar a las diferencias entre el orden lógico y el ontológico, Jorge, con la rodilla, intentaba angustiado establecer un contacto casual con su compañera de banco. En seguida le llegó una respuesta clara y terminante: la chica desplazó su pierna izquierda hasta emparejarla con la derecha de Jorge. Estuvieron un rato golpeándose levemente y rozándose como dos animales torpes, poco dotados para los juegos amatorios. Entretanto, Gaunilón, junto al encerado, escandalizaba a los monjes de su convento al comparar a Dios con la isla de Jauja, donde al decir del profesor se ataba a los perros con longanizas. Pronto empezó el juego de las manos. Jorge habría querido, demasiado joven como era, que las suyas se hubieran encontrado con las de la chica para entablar con el lenguaje de los dedos un cierto tipo de comunicación sentimental que precediera al desastre o al éxtasis. Pero ella no se lo permitió, sino que directamente condujo su mano al centro de operaciones y con esta actitud parecía decirle: no vayas a pensar que esto ha sido propiamente un encuentro; los encuentros no existen más que en la idea de la salvación, y nosotros, por unos años todavía, estamos salvados sin necesidad de recurrir a tales subterfugios. Has de aprender aún que sólo existen acciones paralelas, como cintas continuas que moviéndose en sentidos opuestos con diferente ritmo hacen de vez en cuando coincidir frente a frente dos partes semejantes; tal vez ni eso, tal vez en una de las cintas la solercia ha incrustado un espejo que cree poseer aquello que tan sólo refleja. Finalmente, y ya con los cien táleros de Kant sonando en el encerado, Jorge explora las posibles entradas de la falda de su compañera, y a través de las deterioradas medias y de las bragas rotas y mil veces zurcidas penetra en lo que él imagina como una cloaca, no por una predisposición hacia el sexo, sino por el modo en que se da su relación con él, porque la atención que finge prestar al profesor en la superficie hace precisamente que cuanto sucede bajo el pupitre sea considerado subterráneo y húmedo.

Tal vez las mismas causas que le negaron el consuelo sentimental, o la venganza, que había pensado encontrar en aquel juego, impidieron también que prosperaran los motes que según su costumbre y con fortuna variable puso a cada una de las chicas a los pocos días de su participación en la rueda. No prosperaron en efecto porque todos sabían, menos él, que nombrarlas suponía aceptar en ellas un grado de existencia que estaba muy por encima de lo pactado en el acuerdo secreto bajo cuyas disposiciones se producía el intercambio o el hurto. Además, el nombre tiende siempre a la identificación y por lo tanto individua también en una medida que tampoco estaba prevista en el acuerdo. Lo cierto es que aquel primer contacto de Jorge con las chicas estuvo marcado por el fracaso, un cierto tipo de fracaso en cuya concisión ya se advertían la simplicidad de un esquema y la firmeza de una copia. Jorge no quiso ver entonces otros aspectos igualmente palmarios porque de todos ellos parecía emerger una promesa que, por garantizar la aplicación de semejante esquema más allá de los confines del aula rota, actuaba también como pronunciamiento de un destino; y el destino para los de su clase no era precisamente aquello a lo que hay que llegar un día con rostro estúpido o feliz, sino más bien lo que no debe alcanzarse por cuanto significa la abolición impuesta del futuro. Lo extraño o lo fraudulento del negocio es que celaba la firmeza —la ausencia de un golpe de dados— en absoluta coincidencia con la edad de Jorge, menesteroso entonces, más que de otra cosa, de amor, y el amor —cómo ocultarlo— era acceder, llegar, hender tal vez la precisión abominable del destino.

—Eh, Cojo, ponme una copa de coñac —dice el Ratón sin mirar al policía que espera sus noticias—. Vaya una manera de llover. Mire cómo me he puesto sólo de cruzar la calle.

—Bueno, y ahí arriba qué pasa —pregunta el policía con cierto desdén, un desdén que en su caso precede siempre al odio. Tal vez lamenta no poder atrapar con cualquier excusa a aquel Ratón estúpido que disfruta con las cosas que a él, a estas alturas, le producen cierto miedo.

—No pasa nada, señor inspector. Por cierto, ¿es usted inspector o policía a secas?

—Soy inspector. Siga.

—Es que nunca he entendido bien las diferencias de los de la Secreta. Como van todos de paisano no hay manera de aprender la jerarquía. En la Guardia Civil o en la Policía Armada es distinto.

—Luego le explico esas diferencias. Ahora cuénteme lo que ha visto.

—Llevaba yo razón. El sujeto no ha venido por aquí. Ya se lo dije a usted antes; ¿cómo va a venir si su mujer vive desde hace tiempo con un tipo que para más inri me parece que era amigo suyo?

—Precisamente por eso —dice el policía con un

tono de alguien cuyos conocimientos estuvieran por encima de los argumentos más sólidos—. ¿Le han dejado echar un vistazo a la casa?

—Naturalmente. Yo tengo mucha habilidad para estas cosas. Además se han quedado asustados.

—¿Y por qué no ha ido a trabajar ninguno de los dos?

El Ratón advierte su torpeza, no su falta de celo, su torpeza. Frente a la barra, tras una hilera de botellas, hay un espejo de mala calidad. El Ratón busca sus ojos entre el cuello de dos botellas; en seguida advierte la diferencia entre su mirada y la del policía, entre su expresión y la expresión del policía. Por un instante comprende que sólo traicionando a su celo podrá satisfacer de algún modo su escaso talento. Entonces decide utilizar la misma mentira utilizada por Jorge:

—Es que se ha puesto la niña mala; unas anginas o algo así, pero ya sabe usted lo escandalosa que es la fiebre de los niños.

—Ya —dice el policía—. De todos modos no hay que descartar la posibilidad de que vuelva.

En los portales había gente que contemplaba la lluvia en actitud perfectamente estática. Algunas mujeres con enormes paraguas negros familiares cruzaban la calle o la recorrían con débiles carreras. Las gotas más gruesas, tras chocar en el suelo, rebotaban, y divididas por el golpe se iban a estrellar en las medias de estas mujeres, a la altura de los tobillos; si en el suelo habían recogido grasa o suciedad, la depositaban en el entramado de las medias donde dejaban pequeñísimas manchas redondas, que parecían pecas u otra manifestación de la piel.

El Vitaminas, protegiéndose bajo una cornisa, avanzaba por Hermanos de Pablo en dirección a Alcalá. Al salir de la farmacia había llorado un poco, no por compadecerse o relajarse, sino por dar respuesta al creciente dolor de la garganta y a la fiebre. Como llovía tanto, nadie había advertido que lloraba, y a él mismo le costó bastante trabajo distinguir las lágrimas de las gotas a pesar de que la diferencia de temperatura entre ambas era notable. Tenía que ponerse un supositorio y tomarse dos optalidones (ahora advertía que el optalidón no era antipirético, pero se había dejado llevar por la rima o por la costumbre) antes de decidir qué hacer o adónde dirigirse. En los bares había también bastante gente, porteros ociosos o representantes que de esta suerte habían visto interrumpida su jornada de trabajo; todos miraban con cierta nostalgia a través de los cristales empañados. Desde la perspectiva de Luis —que a pesar de avanzar bajo la cornisa tenía empapado todo el hombro izquierdo e inundados los pies— aquellas gentes se movían como las de un sueño: hablaban y reían sin dejar de mirar a la calle (a él tal vez), pero ni sus palabras ni sus risas tenían voz ni ruido. Se movían y gesticulaban en sus puestos de observación con ritmo semejante al utilizado por los amigos y los familiares alrededor del túmulo. Es por la fiebre, dijo; pero esta observación sobre la realidad no le bastó para librarse de una certidumbre ya en otras ocasiones vislumbrada: que él iba en otro tren, o —mejor dicho— que él estaba parado en el desmonte frente al cual pasaba el tren de los otros, y que las veces en que creía haber estado con ellos visitando sus departamentos u ofreciéndoles cigarros en el pasillo habían sido sueños montados sobre la soledad, como el pastor que tras oír la locomotora y observar los vagones se tiende en la yerba y con las manos en la nuca fácilmente imagina estaciones y ciudades y gestos, que los otros aceptan y que él recibe en un intercambio de comunicación muy semejante al que produce la riqueza.

Desechó la idea de entrar en un bar porque también entre los porteros y los representantes había uniformes y sombreros bajo los cuales sólo podía camuflarse un policía. A la altura de Elfo se detuvo ante el escaparate de una librería de extraño nombre, el Garbanzo Negro, la Oveja Negra, o algo parecido, que hacía alusión sin duda a la vida de alguien que tras el mostrador hablaba por teléfono.

Tal vez aquí, pensó el Vitaminas al observar al fondo del establecimiento una escalera que se hundía en una especie de sótano. Entró tras sacudirse torpemente los pies, y como viera que el Garbanzo Negro seguía en el teléfono sin prestarle ninguna atención, comenzó a observar los libros procurando desplazarse disimuladamente hacia el fondo para ver si el sótano tenía luz, y si le estaba permitido por lo tanto bajar. En el momento de asomarse oyó la voz del Garbanzo que se dirigía a él al tiempo que tapaba el micrófono: ¿Te enciendo abajo? El Vitaminas le miró sorprendido y preguntó: ¿No tenéis un servicio? Sí, sí, está abajo, a mano derecha, dijo el Garbanzo Negro, y tras accionar un interruptor regresó a la conversación interrumpida.

En el servicio había un pequeño lavabo. El Vitaminas abrió el grifo y tragó con un poco de agua dos optalidones. A pesar de todo, algo harán. Seguramente tenía hambre, pero tener hambre, se dijo, no es más que la sensación de una necesidad que por fuerza ha de diluirse en necesidades de otro orden. Al escupir en el lavabo advirtió que tenía los bronquios llenos de telarañas. Aquí está la bronquitis; ¿a qué tipo de necesidad tiende una sensación como ésta? Sacó de la caja los supositorios, alineados en una funda de plástico herméticamente cerrada, y colocó esta funda bajo el chorro de agua porque los supositorios estaban un poco blandos.

Antes de salir de la librería, y como por justificarse, pidió un bolígrafo. ¿Punta fina o normal?, le preguntó el Garbanzo Negro, que estaba excitado por la tormenta o por la conversación telefónica. Punta fina, respondió Luis con el tono de quien expresara su última voluntad. Tampoco es para ponerse así, hombre, dijo con una sonrisa el Garbanzo Negro. Cuando alcanzó la calle le pareció evidente que de manera más o menos premeditada se había acercado demasiado a la casa de su mujer. En realidad, a medida que el agua había ido empapando su abrigo y penetrando en su calzado, él se había dejado invadir por una decisión que al modo de una cuña —con golpes secos diluidos en el ruido del agua o en el escándalo de los cierres metálicos— había levantado un poco su ánimo hundido por el deseo de entregarse; y en esta decisión se encerraba el acuerdo de llegar hasta la casa de su mujer y de su hija, pero no para subir a su piso (aún recordaba cómo había esquivado Jorge su mirada al inclinarse sobre el zapato izquierdo), sino para bajar al sótano donde, frente al de contadores, estaba el cuarto de calderas. Allí podría ocultarse con facilidad mientras dejaba de llover. Tal vez con el calor de aquel cuarto y con un supositorio cada cinco o seis horas consiguiera incluso detener el avance de la bronquitis. Entretanto, y como consecuencia de esta resolución que ventilaba en parte los problemas relacionados con el futuro más inmediato, comenzó a trabajarle otra vez la hipótesis que ya en la farmacia, mientras hablaba con el farmacéutico, le había amenazado tras la aceptación de que no tenía adónde ir: que no era inteligente, que las señales aceptadas hasta entonces por él y por quienes le habían rodeado como muestras de un entendimiento superior no habían sido otra cosa que las marcas de una torpeza alimentada por un carácter singular, en cuyas raíces no había agudeza, ni talento, ni siquiera esa capacidad medio cristiana de juzgar rectamente que llamaban sindéresis, sino un hambre endémica, un fracaso habitual también, y un deseo profundo —henchido por el paso de varias generaciones— de cambiar de imagen, no a base de sustituir la antigua, sino de suplantarla; de manera que si también en el área del entendimiento hiciera su aparición el infortunio, quedara siempre la posibilidad de refugiarse en el fracaso (la antigua imagen) a la espera de otra generación o de otro invierno. Pero Luis, el Vitaminas, se había preparado desde siempre para afrontar su particularidad reconocida, su excesiva comprensión del mundo y de las cosas; por eso ahora ignoraba cómo combatir su vulgaridad manifiesta, mientras compraba dos barras de pan y subía por Hermanos de Pablo, sin evitar la lluvia, hacia Alcalá.

El comisario, tras disculparse con Jesús Villar por la interrupción, se ha levantado de la silla y ha abandonado el despacho. Al parecer el guardia que entró a darle las últimas novedades le hizo asimismo una seña, que Jesús Villar advirtió por el reflejo de la ventana, para que saliera al pasillo. La ausencia del inspector da al despacho una tristeza cuartelera cuya amenaza ya se venía presintiendo desde que comenzó el interrogatorio. Jesús Villar tiene frío a pesar de no haberse quitado el abrigo. Fija su atención en un punto de la pared, a su izquierda, y arrastra luego la mirada desde las fotos hasta el suelo deteniéndose con placer en las zonas aquellas de los archivadores en donde el deterioro del esmalte produce figuras con sentido. Por un momento le resulta extraña la familiaridad de sus relaciones con los muebles y con el aspecto desangelado de la estancia, pero escapa fácilmente a este movimiento de extrañeza con otro movimiento de alerta producido por el ruido de unos pasos que se acercan. Cuando el comisario se sienta de nuevo, él dulcifica su expresión y endereza su cuerpo en busca de una actitud entre sumisa y cómplice.

— Bien —comienza el comisario potenciando la gravedad de su rostro con un tono severo, que no por tópico es menos temible—, bien, amigo mío. Acaba de suceder algo que no entraba en mis cálculos y espero que tampoco en los suyos. Le ruego que no me ponga dificultades si quiere salir bien parado de este asunto. Contésteme de forma concisa y clara a cuanto voy a preguntarle. ¿De acuerdo?

— Sí, señor —responde Jesús Villar entre sumiso y aterrado.

— ¿Cómo se llama su mujer?
— Jiménez Antella, Rosario.
— ¿Qué ocupación tiene?
— Sus labores. Está totalmente dedicada a la casa.
— ¿Ha trabajado antes?
— Sí, señor comisario, hasta el año pasado.
— ¿En una farmacia situada en la calle de La Palma?
— Sí, señor.
¿Durante cuánto tiempo?
— No lo sé; desde que terminó el bachillerato, me parece.
— ¿Y por qué lo dejó? ¿La echaron?
— No, señor, al contrario. Sintieron mucho que se fuera, pero es que ella está algo delicada y ya tuvo hace dos años un aborto. Entonces el médico nos dijo que si no dejaba ese trabajo no llevaría a buen término ningún embarazo, porque en la farmacia hay que estar todo el día de pie; ya se imagina. Se le hinchaban las piernas y le dolía mucho la cabeza; por eso el año pasado lo dejó y ahora ya está otra vez embarazada. De cuatro meses.

— ¿Dice usted que le tenían mucha confianza?
— Ya lo creo. Ella tenía una llave de la farmacia y de la caja registradora. Y nunca faltó nada.
— Entonces hay que suponer que su mujer sabía,

por ejemplo, que los billetes de mil pesetas se guardaban bajo el cajón de la caja y no en su interior.

— Supongo que sí.

— Y que esto se hacía precisamente con la idea de que si se producía un atraco el ladrón se conformase con lo que aparecía a la vista creyendo que era toda la recaudación.

— Sí.

— Pues bien, amigo mío, ayer atracaron esa farmacia, y da la coincidencia de que el ladrón conocía el truco.

— Vaya por Dios.

— Pero eso no sería grave. Supongo que muchos comerciantes utilizan la misma estratagema. Lo grave es la segunda coincidencia.

— ¿Cuál, señor comisario?

— ¿Reconoció usted al hombre que esta mañana vio huir hacia Quintana tras herir a un policía?

— No lo había visto nunca.

— Sin embargo, ese hombre ha vivido durante algún tiempo muy cerca de su casa, porque usted me ha dicho que vive en Caudillo de España. ¿No es cierto?

— Así es, pero nunca he tenido nada que ver con ese hombre.

— Al parecer, su mujer, sí.

— ¿Cómo dice?

— Digo que el atracador de la farmacia fue en tiempos compañero de su mujer en una academia de la calle Fuencarral. Luis Álvarez. ¿Le suena este nombre?

— No, no mucho.

— Era conocido por Vitaminas. ¿Tampoco le suena este apodo?

— Sí, señor, el apodo sí —contestó Jesús Villar enrojeciendo súbitamente.

—¿Y no le parece que en este asunto hay demasiadas coincidencias?

—Sí, señor —contesta Jesús Villar mirando por primera vez directamente a los ojos del comisario, porque presiente que ahora va a lanzarse contra su corazón abierto con el recuerdo del apodo. Pero el comisario se limita a contemplar la sangre y, finalmente, dice:

—Espero, amigo mío, que todo eso no sean, en efecto, sino molestas coincidencias. No me parece usted un mentiroso, pero yo he de hacer mi trabajo y comprobar la verdad de sus afirmaciones. Ahora le tomarán en la oficina algunos datos y firmará una declaración que voy a preparar. Esté dispuesto por si le llamamos, pues posiblemente le necesitaremos más adelante. Y no haga tonterías. ¿Entendido?

—Sí, señor comisario.

Jorge había decidido pasar sus vacaciones en Madrid. Estaba excitado por la idea de que Julia se encontrara sola, y de que al fin, tras tantos años de espera, podría rodear su casa hasta cercarla sin más obstáculos que los nacidos de lo dichoso de la situación. Sólo frenaba su entusiasmo la promesa que unos días atrás, en un momento comunicativo de la borrachera, le hubiera hecho al Vitaminas; promesa que por ambigua y torcida en cuanto a su verdadera intención ensuciaba de alguna forma sus propósitos. Aunque también ahora, en la lucidez de una resaca que ya duraba varios días, los designios del Vitaminas aparecían claros, y era tal su naturaleza que justificaban de antemano la reserva mental, la intención doble que Jorge nunca quiso admitir en todo lo que se refería a Julia.

Era a mediados de julio, y Jorge rodeaba la casa de Julia, en Pueblo Nuevo, incluso a esas horas cenitales en las que la calle se parecía al sueño de una ciudad fantasma. Sólo algún desgraciado, obligado sin duda por la necesidad, se arrastraba por las aceras con el gesto de mentecato que el sol produce a determinadas horas; el ruido aislado de algún coche, tal vez un perro deshidratado en un trozo de sombra, los portales oscuros, como cuevas, prometedores de una frescura que apenas traspasados se convertía en calor sin luz, transpiración oculta algo más lenta, pero más intensa quizá que la producida a pleno sol. Y Jorge. Jorge con sus mejores camisas de verano, pantalones oscuros, y unos zapatos negros, sofocantes, sobre los calcetines grises o de color indefinido. Pasaba muchas horas en un bar de la calle Alcalá situado justo frente al portal de Julia. Pedía una cerveza al dependiente cojo, que atendía por su defecto, y se sentaba en una mesa desastrosa con el periódico abierto. Otras veces aliviaba la espera en la máquina tragaperras, pero permanecía siempre atento al menor movimiento producido en el portal. Sabía que Julia vivía en el tercer piso, aunque ignoraba cuáles eran sus ventanas y si éstas daban a Alcalá o la paralela, una calle estrechísima, perpendicular a Caudillo de España, que ocultaba su escasa inteligencia urbanística bajo el nombre de Estrecho de Gibraltar. Cuando se cansaba de permanecer en el bar daba una vuelta por esta calle y con gran azoramiento, producido por el temor de estar siendo observado por Julia, miraba las ventanas del tercer piso en busca de algún signo que delatara su vivienda. En esta parte de la casa había también unas terrazas estrechísimas llenas de aquellos objetos que se utilizan una vez al año o que, inservibles ya, se arrinconan en tales sitios y actúan como punto de referencia de la memoria marcada en gran medida por el precio de las cosas.

Un día, durante un instante solitario (la estrecha calle como un río seco) y especialmente caluroso, creyó advertir un movimiento no habitual tras el calado de unas cortinas. Fue, más que una sombra, más también que una fugaz condensación del aire, más que la sospecha literaria y banal tantas veces soñada por cualquiera en cualquier calle (abandonado, solo, extranjero sobre el empedrado, cuando el perfil izquierdo de la desesperanza advierte el movimiento de un brazo, un rostro que se aparta hacia la oscuridad prometedora), fue, más que cualquiera de estas cosas aprendidas por lo general en las novelas y excepcionalmente en la calle, la certeza de un cambio en la geometría de una de las minúsculas terrazas situadas en el piso tercero, a la altura de la casa de Julia. Seguramente se trataba de alguna modificación introducida en el desorden de los objetos que llenaban la terraza. Pero Jorge no recordaba el antiguo desorden, tal vez porque una de las características de la confusión estriba en el desprecio que le merece a la memoria. Estaba detenido en la acera menos castigada por el sol y acababa de encender un cigarro. Volvió a mirar: a través del calado de unas cortinas de encaje se veían en el techo de la habitación (un salón comedor presumiblemente) los reflejos producidos por diversos objetos —tal vez un cenicero de cristal o algún vaso— que Jorge imaginaba tocados por los rayos del sol, que se deshilachaban al atravesar las mallas de aquel tejido color hueso. A la derecha del ventanal la cortina aparecía un poco forzada hacia el centro dejando libre un trozo de cristal tras el que no se veía nada, a causa de la sombra proyectada sobre ese espacio por una gran caja de cartón colocada, entre otros objetos, en la terraza. Jorge sabía que en ese trozo más oscuro podía ocultarse perfectamente un rostro, y que a esa distancia ya le habría reconocido. Se sintió ridículo, pero se dominó con ayuda del cigarro y de otros gestos típicos de una situación violenta. No obstante, al abandonar Estrecho de Gibraltar por Caudillo de España comenzaron a invadirle las dudas; dudaba en primer lugar de que todo aquello no fuera un juego estúpido, una excusa más para no despedirse todavía de una adolescencia inútil y poco poblada de momentos dichosos. Y dudaba sobre todo de su auténtico papel en aquel juego sabiamente iniciado por el Vitaminas: el desorden nuevo advertido por alguna parte de su ser en una de las mínimas terrazas se convertía bajo la sospecha en un desorden lógico (como si el orden, el número o la causa tuvieran un fundamento razonable); es decir, en un desorden motivado.

El Cojo le sirvió una caña y le dio cambio abundante para la tragaperras. Esta máquina estaba situada de manera que el jugador daba frente a la calle; lo que a su vez ocasionaba que Jorge perdiera una bola cada vez que en el portal de Julia se producía un movimiento, o cada vez que un autobús, que tenía su parada frente al bar, se detenía a recoger viajeros. Cuando la veía salir llevando a su hija en brazos o en un cochecito que manejaba con evidente torpeza, abandonaba la máquina y con el vaso de cerveza en la mano —la necesidad del gesto— salía a la calle y seguía con los ojos su cuerpo hasta que se perdía entre los otros cuerpos o detrás de una esquina. Luego, mientras trataba de alcanzar la puntuación exigida con la máquina, pensaba innumerables modos de abordarla, infinitas maneras de fingir la casualidad de un encuentro, pero ella regresaba siempre antes de que Jorge se hubiera decidido a utilizar alguno de sus métodos. No la seguía nunca porque no sabía seguir, y sobre todo por evitar el sufrimiento de las suposiciones, la angustia de las alternativas, cada vez que Julia se detuviera en un sitio, entrara en otro o utilizara un teléfono público. De todos modos, nunca solía tardar más de una hora, y volvía siempre con bolsas o paquetes que resaltaban a los pies de la niña, en el extremo del cochecito; lo que le hacía suponer a Jorge que sus salidas se reducían a las imprescindibles: hacer la compra o dar tal vez un pequeño paseo para que su hija tomara el sol.

Entretanto Jorge se enamoraba en la misma medida en que crecía su desprecio por la adolescencia inmediata, presente aún como un cadáver capaz de conservar el calor de un estremecimiento, cuyo origen no había que buscarlo en Julia, ni en la mitificación de su imagen, sino en el propio Jorge, en la huida inventada para todos los castigos posibles: los pasados y aquellos que prometían los pasados, puesto que eran castigos de clase, azotes determinados por la economía de su alma. Pero se enamoraba sordamente, hasta las lágrimas, cada vez que entre los ruidos de la máquina Julia se detenía en el portal de enfrente y con torpeza manifiesta intentaba salvar el pequeño escalón del portal con el cochecito de la niña. Luego se perdía en la oscuridad y Jorge se sabía sus ropas; elegía la falda con la que más la amaba, el jersey o la blusa que más le confundían. Se enamoraba, en fin, con rabia, sintiéndose crecer y madurar en cierto modo en aquel desasosiego feliz un poco falseado tal vez por su edad o por su condición, o por algunos gestos cotidianos delatores de un cinismo no asumido.

Julia, en su cuarto, se arregla lentamente. Ha bajado un poco la persiana, y tras asomarse de nuevo al cuarto de su hija para comprobar que aún está allí, o que aún sigue viva a pesar de los mil peligros que la acechan, se ha quitado la bata y, desnuda, ha permanecido unos instantes junto al radiador de la calefacción. No hacía frío, pero la permanencia junto al radiador —las manos extendidas— justificaba el silencio y la inmovilidad, y hasta facilitaba la invasión de esa paz que había comenzado a cercarle mientras pensaba en su marido.

Ahora se arregla lentamente; sobre la cama, como en un muestrario, está toda su ropa interior. La elige despacio, aunque no busca la más cómoda, ni la más atractiva; sólo busca afianzar con la lentitud y la belleza de sus gestos una paz cuya naturaleza conoce, y sabe, pues, que no es la paz activa de la felicidad, ni el sosiego apacible de la dicha, sino un quebranto neutro, una demisión incierta del espíritu que cae y en la caída se somete a un conocimiento antiguo, mas olvidado con frecuencia: que era un paréntesis la suerte, que todo aquello capaz de conmoverla hasta el placer es por fuerza un paréntesis, aunque la suspensión se alargue y dure por encima del texto principal. Instalada, pues, en esa indiferencia protectora se viste lentamente, cambia de gesto, ensaya la postura de los labios que mejor denuncia, no su desprecio ni su desamor, sino el abandono sin el cual, inevitablemente, volcaría en exceso su atención sobre cada uno de los acontecimientos que como amenaza o como hecho la rodean. De este modo todas las cosas adquieren un carácter periférico y accidental; y ya no importa, por ejemplo, cuánto tardará Jorge en regresar con el periódico, ni qué noticia le traerá acerca de Luis, su marido, el apodado Vitaminas. Piensa, sin embargo, aunque también con cierto tono suburbial, que será conveniente comprar un paraguas para ocasiones como ésta, porque el quiosco más cercano está en la Cruz de los Caídos, y hasta llegar allí Jorge va a mojarse y va a volver con un periódico empapado, lo que dificultará bastante su lectura.

Ahora ya está vestida y en el cuarto de baño se peina con una precisión notable que dedica y brinda a la pupila que tras el espejo la observa: un hecho más, ajeno como el mundo, al centro de sus intereses. Llueve, se oye la lluvia hasta en el cuarto de baño, habitación interior sin luz natural y sin ventilación directa. Llueve y Julia recuerda su trabajo —el que hizo ayer, al que debía haber acudido hoy— como una historia en potencial que merece contarse por apenas padecida: ella estaría en la calle y con los otros caminaría por la acera el espacio preciso para alcanzar el Metro. Bajaría después las escaleras sucias y, en el andén, como los otros, leería descuidadamente los anuncios. Ella haría un trasbordo, recorrería los túneles acostumbrada ya junto a los otros a las paredes mugrientas, a los techos escoriados por la humedad, y a la voz desagradable de un tullido que con la chaqueta en el suelo pediría limosna. Ella subiría unas escaleras; procuraría ser la última del grupo de forma que ninguno de los otros aprovechara la diferencia de altura para verle las piernas —en todo caso ya habría procurado no ponerse una falda muy corta y aceleraría también su marcha al llegar a los últimos peldaños—. Ella estaría en otro andén y leería descuidadamente los anuncios. Penetraría en el vagón procurando alcanzar un puesto privilegiado (arrinconada entre el respaldo de un asiento y la pared del tren) para defenderse mejor de los ataques de alguno de los otros, que justificaría su aliento próximo y sus movimientos con la escasez de espacio. Trasbordaría de nuevo. Ella saldría al fin a la superficie y por el extrarradio se cruzaría con los otros. Miraría el reloj y habría de acelerar seguramente el paso para llegar a tiempo al sitio, un poco alejado todavía, donde agonizaría un Instituto de enseñanza media en el que las horas transcurrirían muertas entre la sala de profesores y las aulas. Ella escucharía en la clase los comentarios clandestinos de algún alumno sobre su forma de vestir, sus piernas, sobre las señales producidas por la violencia de Jorge, pero jamás se atrevería a defenderse porque no querría obtener la autoridad ni el respeto de sus alumnos con otras armas que no fueran su amor por el trabajo, y su entusiasmo por aquella actividad docente —un entusiasmo que por otra parte se perfeccionaría de año en año en la misma medida en que aumentara su falsedad, y la expresión, por tanto, de dicha falsedad—. Quienes la conociesen dirían de ella que se había entregado a la enseñanza como quien se entregara a la salvación de su alma (nada dirían de su escaso salario ni de su inestabilidad laboral, porque entre todos habrían convenido que desajustes tales sólo podrían darse en unas relaciones de producción, mas la docencia, como el sacerdocio, es un estado de entrega, no un oficio), y acertarían, en efecto, porque en su afán y en su excesivo celo no habría de alentar otra idea que la de la salvación personal; los otros parecían salvados a pesar de su olor y de sus gestos; a pesar de las miradas que destilaban al cruzarse con ella o al ponerse a su lado en el vagón del metro. Así ella iría y vendría, educaría a su hija y los años le enseñarían nuevas técnicas para falsificar todo aquello que no se atreviera a combatir. Pero ahora llueve, felizmente, y mientras llueve la policía está buscando a Luis, la niña llora en su habitación, suena el teléfono y Jorge corre en busca de un periódico: un exceso de realidad no gratuito, pues viene a confirmar que todo era un paréntesis, y el discurso la trampa; el espejismo con el cual se hacía soportable la interrupción, la muerte.

En el invierno, algunos días comenzaba a anochecer a primera hora de la tarde, pero de tal manera que, bien fuera por lo endrino del cielo anubarrado, bien por el color enemigo de las fachadas, o por el gesto desesperado de los transeúntes, alguien que no guardara memoria de los hechos más próximos y de su orden —la dimensión temporal del hilo de Ariadna— a través del laberinto de las horas, podía confundirlo fácilmente con un amanecer húmedo y deshabitado. Aquellos días en la academia de la calle Fuencarral era preciso encender las luces a las cuatro y media, con la primera clase de la tarde; y entonces si algún alumno volvía imprudentemente la vista hacia una de las ventanas (por un gesto de rutina, por atribuir al desconsuelo un origen atmosférico o, en fin, por confirmar que la tristura y el quebranto no eran privativos del aula, sino que se extendían sobre los tejados por Divino Pastor y por Malasaña, hacia San Bernardo, hasta cubrir como una enorme hopa todos los barrios conocidos) se hacía cargo a su pesar de la turbiedad calinosa de la calle, que tras haber deformado y ennegrecido los marcos de las ventanas penetraba con el frío a través de las rendijas para mezclarse con la luz enfermiza del aula y con el ambiente enrarecido por las estufas.

Aquellas tardes tenían realmente el color mismo de la vida, y era su olor como una de esas manifestaciones laterales que al mismo tiempo que ocultan su objeto aseguran su existencia y prometen su repetición; porque no era un olor accidental provocado por la combustión deficiente de una estufa, sino la herencia de una forma de vida que empezaba entonces a manifestarse a través de los sentidos en su encuentro con todo aquello que los rodeaba: la calina húmeda, inhabitable, de la calle, la atmósfera siempre pobre en oxígeno del aula, el profesor eterno junto al encerado dilatando las horas con sus razonamientos, exposiciones, tesis, y, en fin, las cabezas, las espaldas, los hombros blanqueados por la caspa, que el Vitaminas veía desde su sitio junto a Jorge, en la posición más retrasada de la clase, una de aquellas tardes que tenían el color mismo de la vida.

Tras haber cedido a la tentación de volver la vista hacia una de las ventanas, el Vitaminas pidió permiso para ir al servicio; pensaba que tal vez en el pasillo oscuro desaparecería también la pesadumbre, o al menos ésta sería ajena al color del cielo y a la hora. Caminó lentamente, muy concentrado en el hecho mismo de andar, sin escuchar las voces que salían de las habitaciones convertidas en aulas. Pero también en el pasillo parecía haber niebla y humedad y tarde anochecida. El servicio era en realidad un enorme cuarto de baño en el que los aparatos sanitarios estaban adosados a las paredes sin otro cuidado que el de no dejar ninguna libre. La bañera se sujetaba sobre cuatro patas, que se hundían en las baldosas quebradas por el peso, y tenía muy deteriorado el esmalte, sobre todo en los bordes. Daba esta habitación a un patio por cuyas paredes bajaban al descubierto los desagües que sumían las aguas inmundas; y aquellos alumnos que, medio asomados a la ventana para no ser descubiertos por el olor, iban con frecuencia al servicio a fumar un cigarro, conocían bien el recorrido de los albañales, sus manchas marrones, los codos que salían de cada piso para unirse al sumidero principal, y sobre todo los dibujos siempre renovados que se producían en los alrededores de unas junturas que no cumplían su misión. Todos ellos se habían visto alguna vez descendiendo por el entramado de aquellos canales rezumantes para escapar a un imaginario incendio o, simplemente, por el placer de alcanzar un infierno que por familiar había llegado a resultar confortable. El Vitaminas, decidido a no volver al aula hasta que terminara la clase, había encendido un cigarro y a través del humo calculaba el tedio acumulado durante aquel día intentando equilibrar su peso con el de un futuro indeterminado y manipulable. Apenas había consumido medio cigarro cuando alguien llamó a la puerta. Está ocupado, dijo poniéndose en guardia y sacando la mano izquierda al patio con la lumbre hábilmente camuflada. Esperó unos segundos, y como volvieran a llamar la apagó por la parte de afuera, y tras guardarse la colilla en el bolsillo fue a abrir. Al otro lado de la puerta estaba una de las chicas de su clase; él dijo: es que estaba ocupado, y supo que algo había sucedido o estaba a punto de suceder, porque ella entró empujando la puerta y cerró el pestillo sin volverse, pero también sin mirarle. Se trataba de una de las dos chicas junto a las que el Vitaminas no se sentaba nunca por una especie de fidelidad no explicada hacia la tercera. Tras correr el pestillo le miró y dio la sensación por un momento de que iba a decir algo, pero se limitó a subirse el jersey y a sacar, después de una búsqueda laboriosa por la abundante ropa interior, dos pechos pequeñísimos y blancos como dos animales subterráneos y ciegos. Estaba celosa como un pupitre y su actitud directa delataba la postura de quien quisiera jugarlo todo a una sola carta, no porque el juego se hubiera dilatado en exceso o porque las pérdidas continuas y humillantes hubieran precipitado a su amor propio a la búsqueda de un fracaso total, sino porque no amaba el juego ni los equívocos del azar establecido, y prefería pues poner su engaño al descubierto apostándolo todo contra los dos extremos que subyacen en el artificio y la complejidad: la carta más alta o la más baja, el rojo o el negro, la cara o la cruz. El Vitaminas comprendió en seguida el tipo de resolución que se albergaba bajo aquella postura, pero lejos de destruir el disfraz del desamparo, de denunciar su estafa, cayó en la red y animó el juego con la distancia propia de un croupier que no trabaja para sí, sino para el banquero que en la oficina se divierte. Lo sorprendente fue que mientras manipulaba los pezones y exploraba la espalda de la chica olvidó su papel, y apostó un beso extraño; y luego, mientras el semen calentaba largamente sus ingles, dijo Rosario, Rosario, y en el momento mismo de nombrar lo innominable supo que había roto, no ya la barrera entre lo clasificable y lo informe, sino el muro grueso que hasta entonces había separado al mundo de la academia del mundo del afuera.

No pudo ver entonces en qué medida con aquel error había también trivializado sus relaciones con Julia, pero en adelante tuvo mucho cuidado de no contribuir con las insuficiencias del lenguaje a un proceso de deterioro que se desarrollaba sin embargo a sus expensas. Y con grandes cuidados consiguió aún durante cierto tiempo no sólo mantener la distancia anterior entre Julia y Rosario, sino acentuar las diferencias de su propia personalidad en su actuación con cada una de ellas. Retrasó la caída, pero vivió como el ectópago que sobre unas vísceras comunes pretendiera levantar dos individuos diferentes; porque no se trataba ya, como hasta entonces, del mantenimiento poco costoso de dos imágenes, cuyos atributos venían dados por circunstancias distintas o por la quimera largamente alimentada de sus diferencias, sino de la difícil vigilancia de ambas imágenes que en el futuro tenderían tal vez a aproximarse y confundirse poniendo al descubierto el espanto indivisible y único que las había levantado.

Al abandonar el servicio dejando en él a la chica, para no llegar juntos al aula, observó un movimiento en el fondo del pasillo, por la parte donde estaba la puerta que comunicaba con la vivienda del director y de su hermana, pero no le prestó mucha atención porque iba recuperando su primer encuentro con Julia y acentuando la particularidad de sus relaciones para magnificar su actitud inteligente junto a ella a lo largo de una calle sabiamente oscurecida y sola, cuando Luis hablaba sin parar apoyando cada argumento con un gesto total que reforzaba la perspectiva crítica desde la que se comunicaba con Julia. Ella admiraba la facilidad de su acompañante para detectar grietas y defectos en multitud de asuntos cuyo engaño le había pasado inadvertido hasta el momento, y buscaba la expresión adecuada para asentir a cada cosa como si se tratara de algo en lo que ya hubiera pensado anteriormente. Sentía al mismo tiempo la elevación de quien por vez primera experimenta el gusto de la vanidad halagada sin sentirse culpable por la experiencia del placer. También en esa calle, un poco más arriba, Luis se detiene indeciso y pálido y Julia sabe ya de qué se trata, y de nuevo por primera vez se siente dichosamente desarmada, porque no opone ninguna resistencia al abrazo ni al beso inexacto, aunque suficiente. Y en seguida Luis la acerca a la pared y se estremece contra ella y en un momento de delirio dice Julia, Julia, haciendo uso de una insuficiencia del lenguaje con la que traza un esquema al que no podrá ya escapar, sino que le servirá en el futuro de modelo. Pero los modelos, entonces no lo sabía, actúan más como limitación que como estímulo.

En una de las dependencias de la comisaría —la más alejada del despacho del comisario y la más cercana a la calle—, Jesús Villar era interrogado por una funcionaria que recogía sus datos sobre una antigua máquina de escribir.
— Apellidos.
— Villar López.
— Nombre.
— Jesús.
— Edad.
— Treinta y dos años.
— Estado civil.
— Casado.
— Profesión.
— Empleado.

A medida que aquellos datos aislados, cuya irracionalidad se ponía de manifiesto al aparecer fuera de su entorno habitual, cercaban como un muro su existencia, Jesús Villar asistía sorprendido al nacimiento de una sospecha ya en otras ocasiones presentida. No era que pensara, propiamente, puesto que no reflexionaba —de un modo activo al menos— ni formaba intenciones, sino que comenzaba a ver aquellos datos (su profesión, su edad, su estado civil) de manera distinta, a la vez más lúcida

129

y confusa que en las revisiones rutinarias que periódicamente hacía de estos antecedentes, cuya función parecía más compleja y maligna que la de señalar su realidad. Del mismo modo que los signos convencionales —aquellos que prohíben el paso, la caza o el placer—, cuando se muestran fuera del lugar prohibido, revelan no ya su absurdo, que tras el absurdo late siempre una intención torcida, sino el sentido más profundo de una ordenación basada en la usura; del mismo modo en Jesús Villar despertaba la sospecha de que los hechos relativos a su estado civil, más que nombrar una realidad, la moldeaban y reducían sus límites de tal manera que cada dato representaba una imposición, una orden.

Mientras la funcionaria copiaba ahora las notas que el inspector había escrito sobre una cuartilla, Jesús Villar y López, según constaba en su libro de familia, esposo de Rosario Jiménez y Antella, miraba los archivadores que también en esta dependencia daban al inmueble todo el aspecto de un vientre extraño, en el que cada movimiento de sus poderosos músculos regulaba unas actividades y neutralizaba otras. Así, en estos lugares estratégicamente repartidos se expedían certificados de buena conducta, se presentaban denuncias, o se encerraba a quienes por necesidad o por orgullo hubieran pretendido rebasar los límites impuestos a su vida desde su inscripción en los índices del registro civil. Finalmente la funcionaria liberó la cuartilla del rodillo, que giró velozmente haciendo sonar su engranaje, y tras separar el calco extendió a Jesús Villar el original y la copia.

— Firme aquí y aquí.
— ¿Qué es esto?
— El texto de su declaración.

—Ya. ¿Puedo leerlo?
—Usted verá; si desconfía del comisario.
—No, no. Da igual; era por curiosidad.
—Está bien. Ya le avisaremos.
—¿Para declarar en el juicio?
—Yo sólo cumplo con mi obligación. Pero es de suponer que si usted se ha presentado como testigo es por ayudar.
—Bueno, bueno. Perdone. Por cierto, ¿podrían firmarme un papelito para mi empresa diciendo que he estado aquí? Si no, me descontarán todo este tiempo.
—Eso se lo debía haber dicho usted al comisario. Yo no estoy autorizada para firmar nada. En fin, espere un momento.

Tras un archivador alto y estrecho, adosado a una de las paredes, Jesús Villar descubrió la parte superior de una ventana que intentaba asomarse a la oficina. Se desabrochó el abrigo mientras reparaba en la violencia de la lluvia y recordó al fugitivo que miraba febrilmente a lo lejos, como quien esperase una señal no convenida, pero posible y necesaria. Dijo: ya te conozco, Vitaminas. Luego desplazó el recuerdo hacia su mujer y se mordió con rabia la pared interior de los labios ayudándose desde afuera con ligeras presiones del dedo índice.

Desde la esquina de Caudillo de España con Alcalá, a donde había llegado tras abandonar Hermanos de Pablo por Germán Pérez Carrasco, el Vitaminas luchaba por distinguir las siluetas que se desdibujaban al otro lado de los cristales empañados, en el bar del Cojo. Intentaba confirmar que los contornos de aquella sombra apoyada en la barra, junto a una sombra superior con la que parecía hablar, correspondían a los del portero de la finca de su mujer; lo que, de ser cierto, facilitaría su entrada en el portal.

Hacía un buen rato que no se protegía de la lluvia, no ya por la ausencia de cornisas o de otras manifestaciones arquitectónicas de semejante índole, sino porque habiendo alcanzado sus ropas el límite en cuanto a la capacidad de absorción, le parecía más inteligente permanecer bajo la lluvia que tratar de esquivarla, pues esto último, dado el frío reinante, produciría un enfriamiento del agua acumulada que siempre sería superior al de la lluvia. De manera que con esta ilusión de estar manteniendo su cuerpo bajo una temperatura constante, intensificó la vigilancia a que tenía sometido el bar de la acera de enfrente. Con el brazo izquierdo sujetaba contra sus costillas las dos barras de pan compradas en Hermanos de Pablo y que había escondido bajo la camisa para protegerlas de la lluvia. La mano derecha iba, a intervalos, a la cara o al pelo para achicar agua, pero más frecuentemente permanecía en el interior del bolsillo, en donde se entretenía acariciando la navaja automática. A veces, debido a un movimiento disfrazado de involuntario, hacía saltar la hoja, y el Vitaminas aprovechaba la ocasión para restregarla contra la tela por si aún hubiera en el acero restos de sangre. Luego la volvía a cerrar contra el muslo y comenzaba el juego.

En esto, su atención fue reclamada por un coche de bomberos que interrumpió momentáneamente su visión del bar; se dirigía seguramente hacia San Blas, en donde la lluvia, dada la insuficiencia del alcantarillado, producía frecuentemente graves inundaciones. No obstante, al rebasar el coche la diagonal de su mirada, distinguió el perfil de roedor del portero vuelto aún hacia el vano de la puerta a la espera de que otro coche confirmara la existencia de una catástrofe cercana. El Vitaminas detuvo a la altura del diafragma un escalofrío, y despejó un movimiento de pánico producido por un golpe de tos que pareció quebrarle los pulmones. Luego adoptó un gesto de naturalidad destinado a disipar las sospechas de un posible espectador que desde alguna de las innumerables ventanas se entretuviera en observarle.

Hubo de esperar aún unos minutos antes de que un autobús, que tenía su parada frente a la puerta del establecimiento, se interpusiera entre el portal y el bar. Entonces echó a correr con los ojos entornados, y mientras recogía con la lengua el agua que se estrellaba en los alrededores de sus labios, tomaba nota del escándalo producido por el chapotear de sus zapatos, así como de la progresiva localización de los efectos de la fiebre en la zona de las ingles y en el resto de las articulaciones de su cuerpo. Al alcanzar la puerta escuchó los ruidos característicos de un autobús que se dispusiera a arrancar; entró y corrió todavía a lo largo del portal hasta el recodo en el que se hundían las escaleras que descendían hacia los sótanos del edificio. Allí se agazapó, y antes aún de preocuparse por acompasar su ritmo respiratorio, asomó disimuladamente la cabeza para ver en qué situación habían quedado los del bar: en ese instante el autobús rebasaba la línea del establecimiento y frente al portal estaba detenido alguien que parecía dudar entre resguardarse o continuar bajo la lluvia. Llevaba bajo el brazo un abrigo o una gabardina que parecía interesado en proteger del agua, y apenas se movía. Los del bar también le miraban. El Vitaminas, en un afán de perfección, lamentó no haber cerrado la puerta, por donde entraba una luz indecisa y gris que provocaba reflejos en el abundante rastro de agua producido por sus ropas y sus zapatos encharcados. Mas no pensó en ningún momento que aquel rastro pudiera tener otras repercusiones fuera de aquellas que se referían a sus manías personales (y que por tanto sólo en el ámbito de su propia historia se justificaban), no porque su capacidad de previsión o de sospecha fuera menor que la del resto de sus contemporáneos, hábilmente educados por la televisión para reconocer a un sospechoso o para interpretar la estela que los sospechosos dejan inevitablemente tras de sí, sino porque en su situación de fugitivo que no escapaba sólo de las redes de la policía oficial, sino de aquella otra más numerosa e inmediata (porteros, oficinistas y conserjes), en cuya actuación se diluían las contradicciones de la primera, cualquier intento por adivinar la perspectiva del perseguidor habría de venir falseado en su origen, ya que las relaciones entre el individuo y su medio pueden —desde otro medio— imaginarse de un modo general y aproximado, pero sin alcanzar la exactitud que una situación como la suya requería.

Veo menos que un muerto boca abajo, se dijo mientras descendía al paraíso de las calderas que iba a cambiar sustancialmente su manera de huir, porque al que corre se le persigue, por lo general, corriendo; es decir, utilizando el mismo medio y encomendando pues a la mayor habilidad de una de las partes la resolución del enigma; mas al que huye quieto, a quien se oculta tras la inmovilidad y el desaliento, es preciso en primer lugar cercarle, localizar después el brillo de sus ojos, o un reflejo de la esfera de su reloj; y aun entonces hay que tener valor para acercarse a su rincón oscuro y decirle no te muevas o estás rodeado, porque el producto final de un largo acoso es siempre imprevisible por desesperado.

En el falso mármol de las escaleras iba continuando el rastro iniciado en el portal. Descendía despacio, definitivamente atenazado por la humedad y el frío, pero atento a los progresos de la fiebre y a los ruidos que sus pies, dentro de unos zapatos inundados, hacían cada vez que alternativamente los apoyaba en el escalón inferior. Esto, y el escurrir continuo de los bordes de su abrigo le traían el recuerdo de un lavabo con el desagüe obstruido y con la presión del grifo irregular. Finalmente alcanzó el rellano donde la escalera parecía morir («aunque en tales casos late siempre la sospecha de que los escalones continúan bajo el suelo, pues a decir verdad nada hay tan incomprensible y chocante como el final de una escalera») y encontró a tientas la manija de una puerta, a su izquierda. Cuánto duramos, dijo entre interrogante y admirado. Al empujar la hoja notó el contacto de los panes bajo la camisa húmeda y tuvo un escalofrío de felicidad.

Bajo un sol de media tarde, en julio, a una hora poco prudente para echarse a la calle, Julia camina tras el cochecito de su hija. Siente bajo la piel la presión ejercida por los músculos de su rostro, que aún no han tenido tiempo de adaptarse al nuevo gesto de la desolación. Evoca la figura de Luis, su marido; sufre al pensar que el destino logró separarlos, mientras desde la puerta de los frecuentes bares algunos hombres miran la luz sucia del sol antes de desvanecerse en el interior húmedo de los establecimientos. Ella camina despacio, con las dos manos extendidas hacia el asidero del coche, dirigiendo la reliquia de un dolor que hasta la aparición de Jorge por el barrio le parecía insoportable. Pero al recuerdo del dolor, como a la memoria de ciertas sensaciones, no es difícil sacarle algún partido, sobre todo ahora que se sabe vigilada y abordable. Aunque tampoco se trata exactamente de renunciar al sufrimiento, ni aun de mitigarlo, sino de aprovechar la presencia del testigo —Jorge la sigue con la mirada— para colocar algunas cosas donde seguramente debieron estar siempre, de forma que tal especie de parálisis compense la naturaleza proteica de la realidad y la preserve a ella del dolor de lo indeterminado. Así, la seguridad de gustar en su tristeza y a pesar de su hija (al parecer Jorge ha cruzado la calle y, aunque desde lejos, la sigue) le devuelve la sensación de fortaleza adquirida años atrás, cuando tomó conciencia de su cuerpo; y ya hasta las canciones recobran su verdadera función, si bien ahora regresan con el argumento notablemente respaldado por el tono de la realidad inmediata. Guardo tan bellos recuerdos que no olvidaré. Y también las lágrimas, si alguna surge bajo el sol, vienen aligeradas por el tono literario y libresco de las lágrimas no sufridas. Rezo tu nombre pidiendo que vuelvas a mí.

En el amor no había libertad —le dijo su marido para justificar el abandono o para ocultar tras la frase los aspectos mediocres de la situación— sino acatamiento y, en todo caso, equívoco. Julia reconocía esa falta (aunque sin comprender muy bien por qué aquello que en el trabajo o en la calle se manifestaba como presencia, aparecía como vacío en el territorio del amor), pero argumentaba en su descargo que tampoco en la separación se habían registrado señales de algo que no fuera el equívoco, o la tiranía. Entretanto llega a Hermanos de Pablo y da la vuelta a la esquina aprovechando el giro para comprobar que Jorge la sigue todavía. El deseo de ser abordada tras tan largo asedio la deprime casi casi en la misma medida que la enciende, pues viene a confirmarle una sospecha antigua: que todos se salvan, que el abismo de la condenación no existe ni siquiera para los que como ella del amor hicieron algo maravilloso. Es, sin embargo, en esta misma imposibilidad de condenarse donde aparece la inminencia de un cierto tipo de infierno vislumbrada también con la aparición de Jorge; entonces lo que no existía era la situación límite, ese consuelo que acompaña a un infortunio más allá del cual no se concibe sino la muerte, la locura, o la paz infernal y hermosa de quien ya nunca podrá desear nada. Como la que tenía ella en el interior oscurecido de su casa antes de ocultarse tras los visillos del salón para sorprender a su hija, que desde la cuna asistía indiferente o extrañada a los movimientos sucesivos de descomposición y ajuste del mundo exterior. Julia había permanecido inmóvil y nerviosa observando a través de los calados del tejido los gestos de la niña. El sol, que a esa hora penetraba en el salón a través del ventanal de la pequeña terraza, le producía en la espalda unos picores de los que ella se defendía presionando esa parte del cuerpo contra el cristal caliente. El vuelo de una mosca, o la caricia de un hilo de araña en alguna zona de su cuello deshabitado, le habían obligado a girar escasamente el cuello, lo suficiente no obstante como para adivinar un movimiento en la solitaria y estrecha calle sobre la que colgaba la terraza: en la acera de enfrente alguien se encogía sobre su propio pecho con el gesto característico de quien trata de encender un cigarro en medio de una ventolera. En un primer instante, la mirada de Julia se congeló sobre el solitario más por desafiar al sol que por el placer de vigilar sin ser vista a quien imaginaba vientos en tan absurda calle. Pero el desconocido, tras demorarse aún en un par de ademanes con los que tampoco consiguió dar naturalidad a su actitud, había levantado el rostro con expresión de miope —se defendía del reverbero del sol en las ventanas, recurría a un nuevo gesto para darse aplomo o, finalmente, era miope— para observar con cierta lentitud nerviosa cada ventana del edificio. Julia había reconocido entonces a Jorge, el amigo de su marido al que durante muchos años había visto en contadas ocasiones, aunque de manera fugaz e inquietante. No había olvidado sin embargo su primer encuentro en la lejana —y tan viva, no obstante— adolescencia. Se llama Jorge, le habían dicho en el cuarto de baño de una casa extraña, y aquella noche Julia había recordado sus ojos y sus labios con un conato de placer sofocado por un movimiento de culpa.

Pero no fue lo atractivo del recuerdo, ni la posibilidad apenas entrevista de escapar del apacible infierno en que se hallaba, lo que le movió a construir un pequeño observatorio desde el que en los días sucesivos habría de medir el grado de madurez del asedio de Jorge, sino la esperanza de que Luis hubiera cometido finalmente un error que a ella le permitiera devaluar la imagen bajo cuyo ejemplo había forzado todas sus actuaciones. Así, mientras al día siguiente, oculta tras la sombra proyectada por una caja de cartón colocada a tal fin en la terraza, observa los movimientos inseguros y desconfiados de Jorge, Julia va desmontando pieza a pieza el pedestal desde el que su marido se derrumba en silencio, como un sueño, hasta alcanzar el nivel menesteroso y ruin desde el que ella observa la caída. Y al otro lado de la calle, en la acera menos castigada por el sol a esa hora, Jorge, inquieto, acusa un movimiento o un cambio, porque se pone en guardia con el cigarro, y tras mirar el hueco de sombra producido por la caja se va temblando, como un mal actor al que le flaquean las piernas cuando en el mutis se acuerda de su espalda vigilada por centenares de ojos. Era seguro, pues, que Luis había tenido un momento de debilidad en el que utilizó la confidencia, ese recurso antiguo y sórdido que en el mejor de los casos delata inmadurez.

A la altura de Elfo se da cuenta de que —de seguir paseando— no se coronará esa tarde el objetivo de la persecución. Entonces cruza de acera y se detiene en la esquina de enfrente ante el escaparate de una librería. La disposición de la luz en esos momentos no es la idónea para utilizar la luna como retrovisor; no obstante, fijándose en un punto determinado del interior acaba por ver la imagen débil y pobre en contrastes de una parcela de su espalda por la que ha de aparecer Jorge si no ha perdido el ritmo, y si se decide finalmente a cambiar de acera. Te vas porque yo quiero que te vayas, en la hora que quiera te detengo, susurra mientras de un modo mecánico balancea el cochecito de su hija. Desde el mostrador de la librería, a la derecha del escaparate, alguien que habla por teléfono la mira con la frecuencia de quien, sin resignarse a perder tal oportunidad, tratara de evitar un exceso impertinente y ordinario. Julia, invadida de súbito por mil sensaciones adolescentes, busca argumentos para entristecer su rostro, que seas feliz, feliz, feliz, cuando ve aparecer a Jorge en una esquina del reflejo, y aunque (no pudo ser aun después de haberte amado tanto) está al borde de la desesperación o del error, se contiene acentuando los balanceos del cochecito de su hija hasta que Jorge, sospechando ya la utilidad del escaparate, hace un gesto de asombro en dirección a la nuca de Julia y se dirige a ella con una expresión que quiere parecerse a la de la sorpresa.

—Hola, Julia —dice, y ella vuelve hacia Jorge un rostro que como el cese del dolor o la promesa lejana de la muerte justifica de súbito la estolidez de cuanto ha precedido al artificio nuevo.

—Tú por aquí —contesta Julia y se le olvidan las canciones. Desde el interior de la librería, sin dejar el teléfono, alguien contempla la escena como quien asistiera al momento más brillante de una proyección; desde esa zona los movimientos de las manos, la conmoción evidente de los labios y la inestabilidad de los dos cuerpos producen la envidia de quien olvidando la propia historia viene a caer en el engaño de que es posible ser rescatado de la larga tarde antes de que la larga tarde acabe. Luego Jorge se asoma al cochecito y, tras hacer un comentario acerca de la niña, comienzan torpemente a caminar el uno junto al otro. Aún no han recuperado la estabilidad que produce la rutina y tropiezan en las irregularidades del empedrado. Pero no me preguntes la historia de mi vida.

— Me gustaría ser honesta —dice Julia.
— ¿Y en qué crees que consiste ser honesto? —contesta Jorge, que está de pie en el centro del salón secándose aún el pelo con una toalla.
— No lo sé. Cámbiate de ropa, que estás empapado —responde, y cogiendo el periódico busca de nuevo la noticia.

Pero Jorge permanece allí en la misma actitud, porque teme tal vez que la situación se objetive si inicia un movimiento ajustado a las reglas de la normalidad. Sin embargo, mientras él siga incómodo por el agua, y Julia abatida por el deseo de ser honesta o de provocar una conversación íntima, las cuestiones prácticas más inmediatas permanecerán también en esa zona en la que su actividad se reduce a su presencia. Así el miedo a ser sancionado por su falta al trabajo, o de verse complicado en el asunto del Vitaminas por sus relaciones con Julia (cuando iba a por el periódico protegiéndose bajo las cornisas, le ha seguido alguien que estaba con el portero en el bar del Cojo) no ha desaparecido, pero ahora consigue contemplarlo con la lucidez indiferente que produce un cansancio extremo.

— ¿Han llamado por teléfono del banco? —pregunta, inseguro, y va a sentarse en el sofá, junto a Julia, esforzándose en no confundir destino con memoria. Al pasar junto a la niña, que está sobre la alfombra desmontando un rompecabezas, la mira dulcemente ajeno, torpemente comprometido e inútil.

— No. Me han llamado a mí del Instituto. He dicho que mi hija está enferma —contestó Julia y deja el periódico en el suelo, a su izquierda—. ¿Cómo te explicas esto?

— No me lo explico, Julia. Comprendo que haya acabado atracando farmacias, pero lo inexplicable es que se haya metido en la del Lefa, en donde con toda seguridad tenían que reconocerle.

— ¿Quién es el Lefa?

— Era un compañero de la academia. Seguramente tu marido te habló alguna vez de él. Su padre tenía una farmacia antiquísima en la calle de La Palma.

— ¿No era uno que murió cuando hacíais preu?

— Sí, al curso siguiente de conocernos. Tú estuviste en su entierro. Se hizo muy amigo nuestro, y a veces al salir de clase, por la tarde, íbamos a la farmacia para ayudar a su padre. Teníamos que ordenar y relacionar las recetas del seguro, y casi siempre nos daba algún dinero. De todos modos, el Lefa se las arreglaba para robarlo de la caja registradora. También robaba centraminas que luego tomábamos con ginebra o coñac para excitarnos. Cuando murió, una compañera nuestra, Rosario, que tuvo algo que ver con tu marido, entró a trabajar en la farmacia. Tal vez aún siga allí; lo que hace más incomprensible la tontería de tu marido —dice Jorge al tiempo que arruga la toalla entre indiferente y nostálgico. Cae en la cuenta de que el recuerdo —aun cuando está tocado por una cierta sensación de gloria— se presenta siempre como una fantasía erótica que, no pudiendo superar ni alcanzar nunca su objeto, se descubre condenado a la repetición inútil o al remedo, en el mejor de los casos, de un modelo que con frecuencia se desvanece en la copia para hacerle creer al imitador que sus evoluciones y actitudes son un producto único y original.

Julia entretanto descubre los ojos de su hija, que alterna actividad y observación a un ritmo que en un adulto resultaría sospechoso. La seguridad de que en el Instituto ya no la esperan hasta el día siguiente y el hecho de que de manera más o menos cortés hayan aceptado su disculpa la colocan en una situación de privilegio con respecto a Jorge, a cuyo desaliento es tan ajena como Jorge a su alivio. Lee de nuevo la noticia y de algún modo se siente tocada por la grandeza que a pesar de todo emana de la figura de Luis, su marido, el atracador de farmacias, que tras haber traído en jaque a la policía durante una semana, se ha lanzado a atracar un establecimiento de este ramo, donde era conocido, en un gesto de arrogancia o de desesperación sin precedentes. Inmediatamente de conocerse los hechos se hicieron cargo de las gestiones funcionarios de los servicios de investigación afectos a esa jefatura superior de policía. Julia no sabría explicarlo, pero no deja de columbrar por eso que un proceso de destrucción tan minuciosamente llevado a cabo sólo tiene sentido dentro de un sistema moral, o al menos en el interior de una sensibilidad en la que las contradicciones entre pensamiento y acción o no existen o se superan a través del desastre. Lo que la lleva al principio de la conversación en un afán que viene ya menoscabado por el pudor de ser considerada partícipe de las ideas que atribuye a su marido.

—Te decía antes que me gustaría ser honesta —dice con el miedo de quien se sabe forzando un diálogo inseguro.

—Sí —responde Jorge dispuesto a no dar facilidades.

—Pues creo que en nuestra situación ser honestos consistiría en no aceptar la decadencia, o en aceptar al menos que a cambio de ella hay que saldar una factura.

—En otras palabras: hay que preferir la locura al deslustre.

—Algo así. No sé. Pienso en Luis y me parece claro que si entre la extravagancia y el deterioro eligió siempre la extravagancia fue porque en él había una continua inclinación hacia lo auténtico.

—Lo que quieres decir es que entre el desmoronamiento oficial, aceptado y fomentado por nuestro sistema jurídico, y un cierto tipo de desmoronamiento personal, cuya superioridad estriba en su rareza, eligió el último. Pero por favor, no digas lo de la autenticidad. ¿Por qué hemos de creer siempre que verdad y desastre han de ir inevitablemente juntos?

—No me has entendido.

—Sí, te he entendido perfectamente. Ser honesto, para ti, consiste en estar triste.

—No, y no ironices. ¿Recuerdas el verano pasado, cuando nos encontramos frente a esa librería que hay en Hermanos de Pablo? Pues bien, apenas hacía unos días que Luis se había ido y yo estaba desesperada; no exactamente desesperada, sino hundida, hundida de tal manera que no creía posible volver a amar a alguien o volver a hablar con interés de ciertos asuntos.

—Es que no hay que creer en las canciones, Julia, y sobre todo no hay que creer en las canciones mexicanas. Porque sé que de este golpe ya no voy a levantarme, dice una que está invitándote a romper con tu novia para poder cantarla.

—No, escucha; no seas sarcástico. Te quería decir que yo estaba muy mal, con la seguridad, ya que lo has dicho, de no poder superar ese golpe. Y sin embargo cuando entraste tú en escena...

—Como fiera herida, así era mi alma, pero tú llegaste...

—...cuando entraste tú en escena, comencé a revivir a pesar mío, porque me entristecía comprobar que todos nos salvamos.

—O que son mentira las canciones.

—Que no hay nada de lo que podamos afirmar que es importante hasta el extremo de que al perderlo nos perderíamos con ello.

—Ne me quitte pas.

—Por eso cuando pienso en Luis y observo toda su trayectoria no puedo evitar un sentimiento de admiración o de envidia, porque creo que él ha pagado siempre su factura y que por lo tanto ha escapado también de algún modo a la mediocridad.

—No mitifiques su conducta. Antes decías que todos nos salvamos. Pues bien, él se ha salvado a su manera. Se ha creado una imagen con la que seguramente vive a gusto y tu mala conciencia forma parte de esa bella imagen. Húndete en la miseria, pero no esperes que yo te ayude. Yo vivo bien. Estoy en el mejor momento de mi vida, a excepción de que no me gusta mi trabajo ni mi ocio, ni este barrio, ni la intención oculta que yace bajo cada uno de mis movimientos, pero vivo a gusto y hasta te quiero si es posible y por tu hija siento una gran ternura, pero no me obligues a aceptar que es imposible vivir fuera del repertorio emocional de las canciones y películas de nuestra adolescencia.

Ahora callan, o parecen callar, ante la expectación de la niña que advierte los residuos sólidos que el primer momento del silencio produce en los rostros de quienes temen alcanzar un entendimiento mutuo, a cuyo abrigo podría incubarse peligrosamente la agrura de unos modelos comunes y vejatorios en la misma medida en que su presencia actual resulta todavía soportable. La solución, mañana, piensa Jorge resbalando ligeramente sobre el respaldo del sofá, pero lo piensa con la desconfianza de quien educado en las unidades de acción, tiempo y lugar teme que no se produzca el desenlace a menos que sea precedido por el nudo, el nudo, que no ve, de un argumento en el que las relaciones de causa ya han comenzado a sustituir arteramente a las relaciones de proximidad. Mas, por fortuna para una mente especulativa, encuentra en seguida algunas variantes de su temor principal con las que trata de engolfarse, de manera que permanezca surta e invisible la única posibilidad no barajada: que el nudo existe a pesar de la ausencia de curvas registrada en la línea del argumento, y que por lo tanto el desenlace se podría precipitar del mismo modo oculto y fraudulento sin que lo registrara la línea casi recta de su vida, y sin que se cierre, consiguientemente, el círculo. Pero ya Julia se ha dejado caer sobre su hombro y ya busca, a través de un llanto sumiso que contradice la actividad de sus manos, los resortes que parecen mover y conmover a Jorge; pero él sabe muy bien que, aunque sus manos buscan ya los temblores de Julia y aunque su lengua se esfuerza en aportar un conocimiento nunca alcanzado de algunas formas siempre en evolución y siempre idénticas por tanto, él permanece inmóvil en la medida en que también inmóvil se mantiene el espectador, aun por muy inmerso que se halle en el drama que tiene lugar en el escenario. La solución, mañana, mientras de manera furtiva Julia lanza una mirada al lugar de la alfombra donde está su hija para comprobar que la niña les observa. Con el movimiento de un pie —de paso hacia otro fin— empuja el periódico que inopinadamente destaca en uno de sus pliegues la noticia. Julia siente en la espalda y en los hombros los primeros golpes de los cascos. Su rostro da en el suelo y con la boca muerde la hierba húmeda. Su hija la mira.

No habría que olvidar que al salir el Vitaminas del servicio de la academia (en donde su flaqueza o un cierto gusto por probar el sabor del desamparo ajeno le habían llevado a verificar las dimensiones del propio) notó un movimiento en el fondo del pasillo, por el lugar por donde la academia comunicaba con la vivienda del director y de su hermana. De todos modos él lo olvidó, incluso mientras contaba la historia a Jorge y al Lefa en un intento por aligerar la sospecha de que la nueva relación superaba los límites del dato para filtrarse y empapar el argumento todo de su vida (sus dos amigos anotaron, no obstante, que el tono empleado para narrar los acontecimientos objetivables de la historia no pasó de ser despiadado sin alcanzar en ningún momento la condición de cínico, pero no dijeron nada, porque temían poner al descubierto la mentira de algo que parecía doler y deformar el gesto más allá de la atractiva imagen aprendida en las historias de amor y guerra de las películas americanas. En un descuido, Jorge recuperó la imagen de los ojos de Julia y acusó un pequeño dolor en el pecho, por donde la congoja. Luego siguió clasificando las recetas mientras el Lefa intentaba ajustar el fiel de una vieja balanza). Volvió a olvidarlo unos días después, tal vez una semana o dos más tarde, cuando el deseo largamente contenido de asegurar la independencia de su desamparo le llevó a arreglar una cita con Rosario en el cuarto de baño de la academia. Él había previsto que cuando ella llegase le daría un cigarro, y que tras ofrecerle fuego con un gesto a la vez distante y seguro ambos se sentarían sobre el borde de la bañera y cambiarían bajo su dirección unas palabras que liquidarían el malentendido levantado sobre el mutismo del primer encuentro. Él diría Rosario, tú no eres como las otras dos; eres más decidida. Ella diría lo dices por lo de la otra tarde, pero no creas que me doy con tanta facilidad; sólo cuando se tiene mucho que ganar se arriesga uno a perderlo todo. Él entonces, tras desenamorarse por este razonamiento que elevaba a niveles lógicos lo que hasta entonces había permanecido bajo el légamo de lo ambiguo, diría —al tiempo de descubrir el punto negro de una caries en la dentadura de Rosario— cualquier cosa que no le doliese demasiado, sólo lo justo para que advirtiera que su situación no era extraña —le había pasado ya a otras chicas— dadas las peculiaridades que componían su personalidad. Él le diría que el mundo no terminaba en la academia, ni tan siquiera en él, y le pasaría una mano por la cintura invitándola a reclinar la cabeza en su hombro. Las lágrimas de ella habrían de fortalecerle hasta un extremo dudoso, no calculado todavía, en donde alentaba el deseo de destrozar la vida de Rosario en beneficio del macho inseguro que en su interior buscaba afianzarse con la desgracia ajena. Pero cuando el Vitaminas sintió dos golpes en la puerta y escuchó a través de la madera la voz disminuida de la chica, que de forma secreta repetía abre que soy yo, Vitaminas, abre —le había llamado Vitaminas como si él fuera el mismo en el aula y en el servicio, con ella y con los otros; como si él fuera uno indivisible y condenado a ser ya siempre el Vitaminas— detuvo unos instantes la manos sobre el picaporte aturdido por este primer golpe que no supo encajar, bien porque estaba frío todavía, bien porque superaba los sistemas de protección largamente ensayados. Pero abrió al fin, y como si todo se hubiera confabulado para mantener su inquietud, en la sonrisa de Rosario no descubrió la caries deseada. Aún más: ella no aceptó el cigarro que se apresuró a ofrecerle, y él se sintió grotesco al encender el suyo, y definitivamente ridículo cuando, tras apagar la cerilla, vio que se trocaba en afectación lo que él había soñado como natural. Estaban de pie en el centro de la habitación desgastada y blanca. Al exhalar el humo, el Vitaminas dirigió la mirada a un punto indeterminado, unos centímetros por encima de la cabeza de la chica. En el extremo de su mirada, aunque él no lo vio, estaba el lavabo con la sonora grifería de cobre y, apoyado en su borde, un gran espejo lleno de puntos negros y de irisaciones producidas por el deterioro del azogue. Ella simultaneó un gesto de coquetería —la mano derecha retirando el pelo hacia la nuca— con una mirada de orfandad que conmovió al Vitaminas hasta la ternura o hasta la identificación. Con el cigarro aún entre los dedos la abrazó fuerte, mas sin cerrar los ojos. Luego, poco a poco, obligándola a caminar de espaldas, la arrimó al lavabo y allí empezó los besos. Ella dejaba hacer a las manos del Vitaminas como si intentara con su pasividad equilibrar la iniciativa del primer encuentro. Cayó, sin gracia alguna, con una cierta calidad de escama, la falda, y tras ella, del mismo modo orgánico, el jersey y la blusa. En ese momento el Vitaminas, asomándose por encima del hombro repleto de tirantes de la chica, arrojó el cigarro sin lumbre al centro del lavabo olvidando de nuevo que al salir del servicio la vez anterior había notado un movimiento en el fondo del pasillo. Y lo olvidó a pesar de que entre los murmullos de Rosario creyó oír una respiración lejana y sorda, como al otro lado de un tabique. Buscó en el espejo el ángulo de la puerta, y a pesar de que entre los puntos negros de la luna localizó el agujero de la antigua cerradura, no se entretuvo en el recelo ni alimentó la sospecha de una pupila ansiosa, porque le urgía más abandonar la empresa de desnudar a Rosario. Ella permanecía quieta y encogida como un animal en trance de ser acariciado. Al achicarse un poco más para caber mejor en el escaso pecho del Vitaminas se le deslizó un tirante de la enagua, y el Vitaminas lo colocó en su sitio con un cuidado extraño, como si hubiera ya advertido que no estaba desnudando a Rosario, sino a sí mismo; y que tras la amarillenta enagua que ocultaba una ropa interior espesa y lamentable no se encontraba el cuerpo de Rosario, sino el suyo, su propio cuerpo sucio y descuidado de cuyos rincones salía el mismo olor a bacina y a encierro que tanto detestaba. Y sin embargo aquél era el olor de los suyos, el que sólo olvidaba junto a Julia, su novia, la única chica que parecía no ir encarcelada en su vestido ni sumergida en sus olores. Durante unos segundos contempló en el espejo el trozo de espalda de la chica enmarcado por los bordes amarillentos de la enagua. Volvió también a ver el ojo de la antigua cerradura, y se sorprendió cuando tras acariciar con desconfianza los pechos ocultos de Rosario sintió cómo su miembro se abría paso con dificultad entre la ropa grande y arrugada que llevaba por dentro. Cerró los ojos y apretándose contra el vientre de Rosario contó hasta diez. Cuando de nuevo los abrió, la chica tiritaba y él la empujó contra el lavabo al tiempo que con voz sorda decía Rosario, Rosario. El lavabo se movió y cayeron al suelo unos restos de cal. Luego, al salir del cuarto maldiciéndose, oyó un ruido a su derecha.

En las horas siguientes al acontecimiento Jorge vio la mirada del Vitaminas deambulando por los alrededores de la nuca de Rosario. También el Lefa, que había observado todos sus movimientos y los de la chica, se volvía de vez en cuando y desde su pupitre consideraba de manera objetiva el destrozo que su amigo se estaba ocasionando con los dientes en las uñas y en sus alrededores. Pero el Vitaminas no apreció estas miradas ni ninguno de los falsos gestos de solidaridad practicados por Jorge —que en los últimos días había recordado a Julia más de lo soportable— porque estaba absorto; no con el ensimismamiento que precede a una decisión definitiva, sino con el de quien se encontrara en trance de asumir que con el último episodio —el reciente encuentro con Rosario— habían muerto definitivamente las anécdotas para dar paso de forma irreversible al argumento: había muerto lo circunstancial, lo transitorio, y se había puesto en marcha el destino. Durante la clase de latín, entre las justificaciones del piadoso Eneas (¿quién podrá engañar a una mujer enamorada?) sintió en su corazón la mordedura del fracaso. Sin embargo, sabía que aún le quedaba imagen para soportarse unos años y confió incluso en rescatarla a base de añadir atributos a su ya reconocida particularidad.

Jesús Villar ha abandonado la comisaría. En un portal cercano se ha quitado el abrigo y tras doblarlo cuidadosamente, de forma que sólo el forro quedara expuesto a la violencia de la lluvia, ha salido a la calle y protegiéndose bajo las cornisas ha alcanzado una cafetería sin gran daño para la prenda. Él tiene mojada la cabeza y los hombros. Por el cuello ancho de la camisa le han penetrado algunas gotas que en ningún caso han podido alcanzar el borde de la camiseta o sus tirantes.

Pide un café con leche. Antes había encendido un cigarro que aún consume con chupadas intensas pero espaciadas, procurando que el cilindro no se caliente demasiado.

Ahora está en una mesa. Ha rogado cortésmente que le lleven hasta allí la consumición para hojear con más tranquilidad un periódico que le han facilitado en la barra. Sucesos. Han identificado al atracador de farmacias que tras haber traído en jaque a la policía durante una semana, se ha lanzado a atracar un establecimiento de este ramo, sito en la calle de La Palma, donde era conocido, etc. Inmediatamente de conocerse los hechos se hicieron cargo de las gestiones funcionarios de los servicios de investigación afectos a esa jefatura superior de policía. Vuelve a leer la noticia, ahora en diagonal. Al parecer se trata de Luis Álvarez, alias Vitaminas. Fue compañero de estudios del hijo del farmacéutico, fallecido hace ya tiempo, etc.

Pone a un lado el periódico. Enciende otro cigarro. La noticia justifica el exceso. Pide también una copa de anís. Del bolsillo interior de la chaqueta saca una cartera de plástico y manipula con lentitud en los papeles. Podría parecer que piensa, pero de momento su única actividad se reduce a doblar cuidadosamente la nota firmada por el comisario como justificante de su prolongada ausencia del puesto de trabajo.

En la cafetería hay más gente: estudiantes y guardias municipales. También algún administrativo de las oficinas cercanas. A Jesús Villar le gusta reconocer a los administrativos fuera de su puesto de trabajo, pero ahora no se entretiene en ese juego porque está a punto de tomar una decisión: no regresar a la oficina hasta el día siguiente; la nota del comisario no especifica la duración del interrogatorio.

Tras comprar una provisión exagerada de fichas telefónicas, ha entrado en la cabina y ha marcado el número de su casa. El corazón le late contra la cartera de plástico, y él hace con los labios algunas muecas para ejercitar los músculos de esa zona que en los últimos minutos se le han endurecido considerablemente.

Cuando su mujer descuelga el teléfono, Jesús Villar se identifica en tono neutro y a continuación, de manera también impersonal, le pregunta por la marcha de sus enfermedades sin agresividad ni cariño. Sólo al llegar a la pregunta relativa al embarazo titubea un poco, pero inmediatamente se repone y dirigiéndose a un ser imaginario del rincón de la cabina dice discretamente póngame otra copa, por favor. —Es que estoy en una cafetería— se disculpa. Al otro lado las respuestas se suceden breves y adversativas. Ella dice que hoy no tiene muy hinchadas las piernas. Tampoco le duele la cabeza y aún no ha vomitado el desayuno. Pero no dice todo esto de forma tranquilizante, sino amenazadora, porque el tono de la voz advierte a Jesús Villar que los síntomas no han desaparecido, sino que se han aplazado. Luego se produce un silencio afortunadamente amortiguado por el mecanismo del teléfono cuando se traga una ficha y empieza a consumir la siguiente. —No te preocupes —dice Jesús Villar—, tengo más fichas. Ella responde que menos mal porque le resulta difícil hablar con alguien que se encuentra en un teléfono público por la inseguridad que le produce el hecho de que la duración esté determinada de antemano. Añade además que esa clase de teléfonos suelen estar estropeados y una espera quedarse con la palabra en la boca en el momento más inoportuno. (No le pregunta sin embargo por qué no está en la oficina a esa hora, aunque sabe que no puede salir ni a desayunar.) Luego se calla en seco, como si advirtiera que la mención de esas trivialidades pudiera descubrirla. Jesús Villar siente de nuevo el peso de una advertencia y tras callar también durante unos segundos de horror comienza a fingir: —Rosario, Rosario, no te oigo nada (esto se ha cortado), oye, oye... Desde el otro lado, de forma pasiva o cruel, su mujer responde que es que estaba callada, pero que la comunicación no se ha interrumpido. Entonces Jesús Villar apoya la cabeza en la superficie metálica del aparato, y tras esperar la inminente desaparición de la segunda ficha, previamente anunciada con un pitido incorporado ya al ritmo de la conversación, dice: —Por cierto, ¿te has enterado de lo del Vitaminas? Ella dice que sí y añade con una pesadez, en la que su marido no consigue hallar ni sentido de culpa ni afán de disculpa, que han estado dos inspectores en casa, interrogándola. Dice que al principio trataron de asustarla porque seguramente pensaban que ella era cómplice, pero que después se limitaron a indagar cuestiones relativas al Vitaminas; los sitios que solía frecuentar, etcétera. A continuación —con la inconsciencia propia de una mujer que no ama a aquel a quien se dirige— interioriza el tono de su voz y dice el Vitaminas es aquel chico delgado con el que a veces me veía en el servicio de la academia; ya te he hablado de él. Jesús Villar enrojece y se encalla. Pide otra copa al camarero imaginario, y al conducir su mano izquierda a la altura del hombro para aliviar el dolor de una punzada nerviosa, siente la hombrera de su chaqueta totalmente empapada. Por un momento piensa en decir alguna frase de despedida y colgar, pero como en el túnel de cristal del aparato —semejante a esas urnas con las que en los museos pretenden mostrar la vida de los animales subterráneos— quedan aún tres fichas, decide entretener unos minutos la conversación para dar tiempo a que su mujer se interese por él, indague de qué manera se ha enterado de la búsqueda, y finalmente le admire, o le compadezca al menos, por su angustiosa estancia en la comisaría. Pero su mujer no sólo ignora estas cuestiones, sino que con una falta absoluta de respeto insiste quejumbrosamente en las relaciones con sus recuerdos de la academia. Finalmente, Jesús Villar se despide de manera cobarde y cuando ensimismado cuelga el aparato, le sobresalta el ruido de la última ficha, no consumida, al caer en el interior metálico del cajetín de las devoluciones. Se guarda la ficha. Sale de la cabina. Regresa para recoger el abrigo olvidado sobre el cajón de las guías. Paga y se encamina hacia la puerta, donde se detiene contemplando la lluvia a través de los cristales. Parece que piensa en alguna cuestión relacionada con el fenómeno atmosférico, pero está hablándose a sí mismo de manera mecánica, con un ligero movimiento de labios que empaña a intervalos el cristal de la puerta: «Ahora voy a volver a casa, Rosario, y aunque no sé insultar ni enfurecerme hasta el punto de despertar la admiración ni el respeto de nadie, voy a volver a casa y en el momento mismo en que menciones al Lefa, o a Jorge, o a la maldita academia en la que conociste al Vitaminas, en ese momento, te lo juro, voy a coger el cenicero grande de cristal que hay sobre la mesa y te voy a dar con él en la boca. Después me sentaré a leer el periódico con la paz de quien acabara de hacer algo por sí mismo».

El cuarto de calderas estaba dividido en departamentos separados por frágiles tabiques que en ningún caso alcanzaban gran altura. La disposición era semejante a la de un establo, sólo que, en lugar de animales, en uno de los departamentos había carbón, en otro, leña; y los dos últimos, situados frente a los anteriores, estaban ocupados por dos calderas desiguales: la grande para la calefacción, y la pequeña para el agua caliente. En esta zona el espacio estaba atravesado por un sinfín de tuberías que se cruzaban o se unían a la altura de la cabeza de un hombre de estatura media. Repartidas a lo largo de este entramado había numerosas llaves o manómetros con los que presumiblemente podía controlarse el paso del agua. El mecanismo de alguna de estas llaves no funcionaba bien y por sus junturas se producían fugas que al mezclarse en el suelo con el polvillo de carbón formaban un barro negro muy líquido y algo resbaladizo. Las tuberías más cercanas a las calderas parecían nuevas y en su superficie había señales de tiza que seguramente indicaban el recorrido oculto de las mismas o su procedencia. El calor frente a una u otra caldera resultaba sofocante porque venía cargado de humedad y tufo. La habitación, por otra parte, tenía abundantes espacios muertos o excesivos para el uso al que estaban destinados. En uno de estos rincones había una pala, varias escobas considerablemente envejecidas, y un gran cepillo de cerdamen duro cuyo mástil estaba parcialmente cubierto por unos pantalones lamentables; encima, pendiente de un clavo, estaba la chaqueta que completaba el traje. En otro, ligeramente separada del suelo por unos botes de conserva, había una caja de madera poco profunda, semejante a las bandejas utilizadas para el cultivo del champiñón o de otras especies igualmente opacas. La escasa luz —que entraba con dificultad a través de una reja situada al nivel de la calle— apenas alcanzaba de lleno el centro de la habitación, y disminuía en dirección a los rincones de forma proporcional a la cantidad de objetos acumulados. Por la misma reja se renovaba también la atmósfera y las zonas menos respirables coincidían con las peor iluminadas.

El Vitaminas, al principio, había encendido la luz eléctrica —una sucia bombilla que, más que alumbrar, anunciaba la posibilidad de la luz—, pero temeroso de ser descubierto por este detalle la apagó una vez explorados todos los rincones. Después se había quitado el abrigo y lo había puesto a secar en un espacio oculto situado detrás de la caldera grande. En esa zona el calor era fuerte, pero más seco que en la parte delantera. Allí colocó también las dos barras de pan compradas en Hermanos de Pablo y que a pesar de haberlas protegido bajo la camisa estaban totalmente empapadas. Se quitó la chaqueta y la corbata y lo colgó todo en una viga de hierro desnuda que pasaba a pocos centímetros de la caldera. Después amontonó en ese mismo rincón unos sacos polvorientos y tras tragarse dos optalidones se tumbó de lado, de tal forma que permaneciendo con los ojos abiertos pudiese ver, a través de una rotura del tabique, la ventana enrejada por donde penetraba una luz equívoca, pero en cierto modo acogedora. Intentó varias veces escuchar el ruido de la lluvia mas inútilmente, porque las tuberías mantenían una actividad sonora casi continua. «La fiebre», dijo sin predicar nada de ella, como si esperara que al aceptar su presencia nombrándola se produjera un cambio en alguna dirección. Pensó en su hija; pero no se limitó a evocar su imagen, sino que en un esfuerzo por identificarse con ciertas situaciones tan respetables como falsas elaboró una frase («y mi hija desconociéndome crece sólo a tres pisos de distancia») que no le conmovió, aunque expresaba un sentimiento fácil y contradictorio. En realidad, buscaba la manera de sentirse abandonado o solo, pero al encoger las piernas sintió en las ingles un alivio que se parecía mucho a la felicidad; por lo que abandonó las zonas del sentimentalismo establecido en busca de un discurso más compatible con sus esquemas emocionales. Recuerdo, dijo, y notó una ligera producción de sangre en sus labios cortados por la fiebre, recuerdo que en la medida en que mi nivel objetivo de integración crecía, aumentaba también a sus expensas la descomposición interior, el desajuste entre mi inteligencia y mi carácter. Nombro la inteligencia precisamente ahora, cuando sé que no soy inteligente, porque no tengo adónde ir y porque mis amigos simulan la acción de atarse un zapato para evitar el encuentro. Pero también porque he creído en antinomias tales como pensamiento y acción, particularidad y sufrimiento, ideología y estilo. Todo ha sido un equívoco. Verdaderamente, el volumen, como el olvido, no guarda relación con la distancia; los principios generales, como el olvido, no guardan relación con las cuestiones inmediatas; el olvido, como el fracaso, no marca una caída, ni siquiera un suceso, sino un cambio de planes; la consecuencia lógica de una torpeza basada en la estimación propia, en el orgullo.

No dijo sin embargo nada que le comprometiera a la evocación de sucesos particulares, porque su escasa inteligencia le indicaba que éstos debían relegarse no al olvido, sino a la zona más oculta de la memoria, donde el recuerdo los elaboraría convenientemente para despojarlos de cuanto en ellos hubiera de humillante o mezquino. Así, no recordó su desamor por Julia que culminó en el matrimonio y alcanzó un límite insoportable con el nacimiento de su hija. No recordó tampoco el inconfesable deseo, largamente alimentado, de que Julia compensara la frustración —disimulada de forma brillante, más que inteligente— originada por el abandono de sus estudios universitarios. Porque aquello que en su día había sido un argumento más para reforzar su imagen de ser excepcional poco dispuesto a soportar programas absurdos y lecciones mediocres, aquello mismo con el tiempo había hecho túneles en su seguridad de barro a medida que Julia, alternando disciplinadamente los estudios con un trabajo, aprobaba los cursos y se acercaba al final. Es cierto que él desechó, por cutre y mezquina, la idea de obtener un título que mejorase su posición social, pero también es cierto que su tajante negativa a desclasarse por los caminos de lo impuesto no tuvo nunca un soporte ideológico, a menos que le diera tal nombre al conjunto de ambigüedades y contradicciones que caracterizaban a su persona. Por eso mismo (porque dada la cercanía del último suceso, el atraco, sólo habría podido advertir en él la sordidez, la duda, el inconfesable móvil de su actuación) no recordó tampoco la lucha que durante años había mantenido por alejarse de Rosario o por convertir cada encuentro en un ajuste de cuentas que liquidara el malentendido creado por la imprudencia del primero. No recordó, pues, que cada nueva cita, lejos de destruir las anteriores, había desatado algunos cabos que de modo progresivo ensancharon los límites de la desazón debido a que él pensaba que el malentendido estaba montado sobre sus confusas relaciones con la chica, cuando lo cierto es que se nutría de su propia incapacidad para acomodar sus impulsos a sus intereses. Por una parte amaba a Rosario como prolongación del amor que sentía por él, pero la detestaba también en la medida en que detestaba algunos aspectos de sí mismo, que habiéndolos considerado siempre como transitorios revelaban su auténtica naturaleza al contacto con la chica.

Por todo esto, y porque las manifestaciones de la fiebre en las ingles y en las rodillas le producían instantes de enorme regocijo interno, se puso en guardia contra una ligera amenaza de concreción aparecida de improviso en uno de los múltiples rincones de su memoria. ¿Todo esto, se dijo, no fue acaso una búsqueda de la inteligencia? ¿No fue una lucha por evitar el abrazarme a una de esas filosofías basadas en el desconocimiento de los sucesos económicos? Dicho lo cual notó un ligero desplazamiento en la disposición de las sombras. Se asomó por el agujero del tabique y vio un rostro mojado tras las rejas de las ventanas. El rostro parecía pensar, pero sólo intentaba abrirle un camino a su mirada. Después se retiró y el Vitaminas sonrió largamente, identificado con esa tendencia a asomarse a todo cuanto prometiera oscuridad y confusión.

Se incorporó un poco, disfrutando al máximo de

los escalofríos, y tras tragarse otro par de optalidones arrancó un trozo de corteza, ya seco, de una de las barras de pan y le dio un mordisco. La corteza estaba dura y le lastimó en los labios y en el paladar. Descolgó el abrigo, aún muy húmedo, y se lo echó por encima. Al tiempo de cerrar los ojos se tocó con la punta de la lengua la zona de la boca herida por la corteza de pan.

Durante algunos días de aquel verano caluroso y seco Julia y Jorge se vieron con una frecuencia preparatoria y cómplice. Tardaron en tocarse el tiempo que tardaron en hablar de sí mismos. La progresión de sus conversaciones hasta llegar al punto de perder la vergüenza (no el pudor, que el pudor en ellos era como las manos o los ojos: algo con lo que había que morir a menos que la desgracia, tras haber demolido la conciencia, se cebara también en el disfraz) había estado determinada, sobre todo, por el límite de las vacaciones de Jorge.

Como tenía alguna práctica en el ejercicio de tomar por ajeno aquello que más le concernía, no le había sido difícil actuar ante Julia como un ser que careciera de referencias, o que, en todo caso, las suyas nada tuvieran que ver con las habituales. De este modo los días habían transcurrido sin que él mencionara su forma de ganarse la vida, no porque tuviera intención de ocultar su condición de oficinista, sino porque había llegado a creer que esto en nada se relacionaba con su forma de ser o con sus verdaderas aptitudes. No obstante, acabó imponiéndose el ritmo de los días, y una mañana, ante el calendario, Jorge advirtió con cierta angustia reflexiva la posibilidad de regresar al banco sin que en su relación con Julia se hubiera producido un cambio cualitativo. Entonces perdieron la vergüenza y, consiguientemente, hablaron de sí mismos.

Comenzó Jorge, que era de los dos el que más prisa tenía. Esa noche había subido a casa de Julia por primera vez. Habitualmente, tras ayudarla a superar con el cochecito de la niña el escalón con el que se iniciaba el portal, desaparecía sudando, se perdía en el metro y una vez en su casa, sin refrescarse siquiera, imaginaba las variantes posibles que podían haberse producido aquella tarde de no ser por su falta de reflejos. Fumaba sin ningún control y se despertaba viejo y torpe a cualquier hora, pero con tal excitación que parecía estar jugándose en aquella historia, si no la vida entera, la juventud y —desde luego— la adolescencia, la adolescencia lastimada de cuyo daño aún no había tomado venganza. Ella le había dicho está la casa hecha un desastre, la cama sin hacer... Los cacharros sin fregar, añadió él, y se introdujeron en el portal sonrientes y turbados tras el cochecito de la niña.

Mientras Julia se ocupaba de bañar a su hija, Jorge curioseó por el salón en busca de secretos. Vio algunos libros arrinconados en un mueble; todos estaban firmados por el Vitaminas y tenían escrita la fecha de la compra o del robo. Vio también sobre una mesita baja, que había ante el sofá, un gran cenicero de cristal que enviaba al techo los reflejos recogidos de una lámpara de pie. Luego se acercó al ventanal de la terraza y al separar un poco la cortina encontró el observatorio desde el que Julia había espiado sus movimientos. Anochecía ya y los escasos transeúntes que pasaban por el Estrecho de Gibraltar iban mirando al suelo, o a la pared, pero ninguno de ellos se aventuraba a levantar la vista por encima de su estatura. Alguien encendió un cigarro, aprovechando este movimiento para mirar a sus espaldas, como si le siguieran; después aceleró el paso y sus hombros se perdieron en el Estrecho como un cuerpo en el mar. Jorge se sentó y esperó pacientemente a que Julia terminara de darle la cena a su hija. Luego esperó aún a que la niña se durmiera y cuando al fin Julia se sentó junto a él, encendió un cigarro y comenzó el trabajo.

— ¿Sabes que ya hace algunos días que rondo por aquí? He pasado cien veces por esa callejuela de ahí abajo.

— Me pareció verte un día, pero no estaba segura. La verdad es que tú y yo nos hemos visto muy pocas veces.

— Pero hemos sabido de nosotros a través de tu marido.

— Bueno, Luis casi nunca me hablaba de ti.

— Ni a mí de ti, pero me bastaba con mirarle a la cara.

«Ahora», pensó Jorge, y tras interiorizar el tono dijo:

— No es una casualidad.
— ¿Cómo?
— No es una casualidad que nos hayamos visto. Llevo más de diez años persiguiéndote.

Julia enrojeció, pero le miró a los ojos y mantuvo allí la mirada unos instantes. Jorge hizo una mueca largamente ensayada, entre la amargura y el ensueño, y aflojó la tensión de sus músculos. Ya está y ha sido fácil. Ahora podría inclinarme y besarla, pero no es preciso. Apagó el cigarro, encendió otro y se puso cómodo.

— ¿Te contó tu marido cómo nos encontramos en la academia de la calle Fuencarral?

—Sí. Recuerdo que, a los pocos días de haberte conocido en una fiesta, Luis me dijo que casualmente te habías matriculado allí.
—El curso había empezado hacía algunos meses.
—Sí, lo recuerdo.
—Pero no fue una casualidad.
Del cuarto de la niña llegaron los gemidos de quien se debatía entre la vigilia y el sueño. Ya era de noche y la única lámpara encendida —al otro lado de la mesa— ofrecía una luz baja y contenida por la pantalla de pergamino. Pero Julia no hizo intención de encender más luces, lo que en cierta medida molestó a Jorge porque la oscuridad, si bien prometía, tipificaba la situación, la ajustaba a unos modelos y la obligaba por tanto a tomar una dirección determinada. Hacía calor y se oían algunos ruidos provenientes de las casas vecinas: televisores, cubiertos y, ocasionalmente, un grito o un golpe seco. Jorge sintió deseos de marcharse, pero vio las rodillas de Julia, su cintura, adivinó el resto hundido en la penumbra y dijo tienes los labios secos. Julia fortaleció con un gesto tal afirmación, pero ibas a decirme que no fue una casualidad lo de la academia. Y no lo fue. A los pocos días de haberos conocido en aquella fiesta, donde me mostré más agresivo de lo que soy, pasaba por Fuencarral —yo vivía en Malasaña y así me ha ido— cuando te vi parada ante el portal de la academia. Llevabas un abrigo rojo con cuatro botones enormes. En la mano derecha sujetabas unos libros, en esta posición, y parecías esperar a alguien. A los pocos minutos salió el Vitaminas —perdón, Luis—, salió Luis con sus libros también y os fuisteis juntos Fuencarral arriba. Yo deduje en seguida que estudiabais los dos en la misma academia. Podía haber deducido que allí sólo estudiaba Luis y que tú ha-

bías ido a esperarle. Pero el deseo, como diría tu marido, nos hace confundir la realidad. No sé por qué te cuento todo esto (para halagarte, se contestó a sí mismo, y para mirarme luego con orgullo en tu halago); no sé por qué te cuento todo esto, Julia, si me parece tan dudosa la recuperación. Julia encendió un cigarro alumbrando su perfil de forma teatral, pero efectiva. Jorge se mandó una sonrisa y tras olerse disimuladamente los sobacos prosiguió el relato con la frialdad del que no espera nada de su interlocutor, si acaso una ligera agitación provocada por los aspectos más epidérmicos de la historia. Ya ni yo mismo aprecio el coraje que tuve, y que no he vuelto a tener nunca, para tomar aquella misma noche una decisión cuyos efectos, como en seguida verás, fueron desastrosos. Para no fatigarte —no me fatigas—, para no cansarte te diré que me hice expulsar del Instituto en el que recibía una enseñanza poco costosa y, desde el punto de vista de mis padres, tan segura como una oposición al cuerpo de correos (mi padre es funcionario). No te diré, porque eso forma parte de mi caudal secreto de humillaciones, no te diré cómo conseguí la expulsión ni el modo en que fue consumada. Tras la expulsión pasaron algunos días de angustia familiar, de silencios sin salida. Mi padre, entre el rencor y la pena, quería obligarme a entrar de interino en uno de los innumerables cuerpos subalternos frecuentados por él, hasta que yo rompí el silencio. Expresé mi pesar por lo sucedido apoyando mi actitud con algunas lágrimas sinceras, y por fin sugerí la posibilidad de continuar el curso en una academia que había en la calle Fuencarral, a dos pasos de casa, y que no tenía pinta de ser muy cara. Mi padre dijo que si costaba algo ya era muy cara, pero al fin cedió, supongo que rendido por la insistencia pasiva de mi madre. El resto te lo imaginas fácilmente: fui a la academia, pero tú nunca habías estudiado allí. Tu marido me dijo que vivías, como él, en el barrio de la Concepción, un barrio en el que las calles tienen nombre de Vírgenes. Para mí, que no me había aventurado nunca más allá de Manuel Becerra, aquello me pareció el extranjero. Cometí además el error de tomar por amigo al Vitaminas. Como verás, un naufragio perfectamente calculado. Pero me consolé, no creas; por eso te lo cuento.

Julia no dice nada. Apaga el cigarro y torciendo ligeramente el cuerpo mira a Jorge quien, por su parte, dirige la mano derecha a la mesita, en dirección al tabaco. Pero antes de darle alcance desvía la mano de su objetivo y la coloca sobre el cuello de Julia. Ella humedece sus labios y asiste, desconcertada, a un movimiento de terror en la mirada de él. Durante algunos segundos permanecen envarados. Por fin Jorge le desabrocha el primer botón de la blusa y le acaricia su pecho por encima del sostén. Ella se desabrocha el resto para no defraudarle; ignora que los caminos del fraude, como los del Señor, son numerosos y desconocidos. Durante algunos minutos evitan el abrazo y el beso, se tocan con la punta de la piel —como quien acaricia a una fiera dormida— intentando convertirse en amantes. Han comprendido al menos que a su edad no pueden ser enamorados.

Primero, y durante unos instantes, la lluvia, ya intensa, había aumentado su furia como si tratara de acabar cuanto antes con un trabajo agotador o impuesto; pero la temperatura y el aire habían controlado en seguida la descarga restableciendo el ritmo anterior (tras el turbión las alcantarillas comenzaron a dar muestras de su insuficiencia: el agua se estancaba en los laterales de la calzada, junto a las aceras, hasta que las ruedas de un coche acertaban a lanzarla en abanico contra las fachadas). Después Jorge había aparecido de improviso ante el portal y tras calcular la intensidad del aguacero, subiéndose las solapas, había comenzado a correr hacia la Cruz de los Caídos con el cuerpo pegado a la pared y la cabeza baja de forma que el pelo fuera lo primero en recibir el impacto de las gotas. El Ratón, inmediatamente, dijo al inspector de quién se trataba y éste salió tras Jorge culpando a la lluvia de la torpeza de sus movimientos que ponían en evidencia la persecución. Mientras regresaban, el Ratón pidió otra copa y, sin dejar por eso de vigilar el portal, volvió a mirarse en el espejo que había frente a la barra por ver si su expresión se había vuelto más impenetrable en las últimas horas. No notó nada, pero le consoló la actitud halagadora del Cojo, quien intentó trabar conversación con él acerca del suceso del Metro y de la relación entre éste y la presencia del inspector en el bar. El Ratón comprendió de alguna manera que ser importante estriba en que los demás lo crean, y respondió con vaguedades e insinuaciones que agrandaron su imagen ante el espejo y ante el Cojo. A los pocos minutos, a través de los cristales empañados, vio regresar a Jorge. Corría a saltos, con la cabeza y los hombros en un mismo volumen, como si pretendiera pasar inadvertido ante la lluvia o atravesarla violentamente sin sufrir daño alguno. Tras él venía el inspector, entre la carrera y el paso, con un aire de naturalidad que contrastaba con la situación atmosférica. Jorge se introdujo en el portal y el inspector cruzó la calle en dirección al bar. Llegó empapado y lamentable, pero con la serenidad o la indiferencia en su sitio. El Ratón esperó prudentemente a que se secara el rostro con un pañuelo arrugado, más por el abandono que por el uso, antes de preguntar algo. El inspector Núñez le miró sin odio, aunque sin amistad, y dijo están pasando algunas cosas muy raras. ¿En el portal no ha habido ningún movimiento? —No, señor, respondió el Ratón sin arreglar a tiempo el tono y el gesto que le salieron naturalmente serviles. El inspector calló con un silencio plagado de sospechas (en realidad Jorge se había limitado a comprar un periódico en un quiosco de la Cruz) más por justificar su desastroso aspecto que por impresionar al portero.

Poco más tarde pasó un coche de bomberos que iba relativamente despacio debido a lo abundante del tráfico y a la confusión automovilística acrecentada por el mal tiempo. Pero no por eso dejaba de hacer sonar la sirena, cuyo estrépito fue captado por los del bar con considerable antelación sobre su imagen. El portero giró la cabeza en dirección a la calle con la esperanza de que la catástrofe estuviese en algún lugar cercano, pero el coche pasó y la sirena se fue alejando hasta que el sonido se perdió como en un pozo. —Era un camión cisterna —informó al inspector—; seguramente hay inundaciones en San Blas. El inspector meditó unos instantes y al cabo hizo una observación curiosa: —Ver un coche de bomberos es relativamente fácil; lo difícil es encontrarse con un incendio o algo así.

Pasaron aún algunos minutos antes de que uno de los autobuses que tenía su parada frente a la puerta del bar se interpusiera entre ellos y el objeto de su vigilancia. Pero, dado que ninguno de los dos confiaba demasiado en una segunda aparición del Vitaminas, se limitaron, como en las anteriores ocasiones, a mirar fijamente al autobús como si de ese modo pudieran evitar un movimiento incontrolado en el portal. Sin embargo, cuando el autobús arrancó despejando la calle, vieron a alguien que de espaldas a ellos, frente al portal, parecía dudar o contemplar algo. —No es el sujeto —dijo el Ratón al inspector. Pero se quedaron mirándole no obstante hasta que al fin se decidió a entrar con la inseguridad de quien siguiera un rastro. Bajo el brazo derecho llevaba un bulto —una gabardina o un abrigo— que parecía proteger de la lluvia. El sujeto, sin embargo, iba a cuerpo.

—¿Se trata de un vecino? —preguntó el inspector.
—No, no me parece.
—Acérquese usted a ver si averigua quién es.

La niña, con su seriedad habitual, contempla los excesos bajo cuyo aparato Jorge y su madre se defienden del miedo. Ella no escucha aún el galope de los caballos ni conoce el sabor de la tierra masticada por Julia en el sofá, bajo la lluvia de golpes con la que Jorge le lastima la espalda. La niña sólo ve, entre la indiferencia y el cansancio, un montaje tan minucioso que no permite adivinar cosa alguna acerca de la calidad de los bastidores. La violencia delata la falta de sustancia. O la sustituye. Hay un momento en el que la caricatura alcanza un límite más allá del cual sólo cabe el encuentro con uno mismo, el desamparo. Ese momento coincide con una acometida también hiperbólica de la realidad. La diferencia entre una y otra hipérbole estriba en que la primera es manipulable, tiene referencias concretas y límites conocidos; la segunda es tan foránea como aparenta, y no es hiperbólica puesto que es real.

La niña los ve ahora levantarse. Jorge, que no se desnudó completamente, tiene la camisa pegada al cuerpo, en parte por el sudor y en parte por el agua que le caló la ropa cuando fue a buscar el periódico. Ha mirado a la niña unos instantes y ella le ha sonreído. Julia busca sus prendas desperdigadas por los alrededores del sofá. Se visten lentamente porque saben que cuando acaben de vestirse tendrán que hablar o actuar, tendrán que tomar iniciativas. La niña hace un gesto muy parecido a los que en un adulto significarían postración o quebranto, y parte a gatas hacia otros rincones. De las casas vecinas no llega ninguna música; sólo los ruidos de las tareas domésticas o los gritos desaforados de un locutor de radio que ha perdido la razón en el momento más importante del concurso. También, aunque ya no lo escuchan de una forma consciente, el sonido de la lluvia. Ambos están aterrados; no es en ellos una sensación nueva, pero ahora viene respaldada por la página de sucesos. Sonríen, se sientan, miran con desconfianza el teléfono, y suspenden la actividad de sus pulmones cada vez que creen oír el ascensor. La niña recorre la habitación siguiendo la línea marcada por la pared y por los muebles.

Comienza a hablar Julia, de quien Jorge teme otro impulso repentino y urgente hacia la honestidad o hacia cualquiera otra de las generalidades más utilizadas para falsear la realidad inmediata. Pero de momento Julia se detiene en las cuestiones prácticas. Parece que al fin se ha dado cuenta de las contradicciones que hay en la historia que les vive. No comprende, por ejemplo, cómo la policía no la ha interrogado todavía. No comprende tampoco por qué no registraron la casa en el momento mismo en el que Luis fue identificado, y además ahora le parece grotesca e inverosímil la escena del portero. Jorge sabe que ha de responder a estas cuestiones, pero demora la réplica porque no quiere confundir su interioridad con su miedo, ni su actitud con su destino. Acepta su implicación, pero intenta evitar que ésta traspase ciertos límites. Su estancia en aquella casa es el resultado de un error y de una deuda: el error de creer que Julia estudiaba en la academia de la calle Fuencarral, y la deuda contraída con su adolescencia un domingo por la tarde («juro que un día te veré desnuda») en el que la ginebra suavizó el fracaso a costa de engrosar el rencor. La deuda está saldada y el error se cerrará definitivamente cuando llegue el momento de abandonar a Julia; entonces comenzará a vivir la existencia que le es propia y que en nada se relaciona con su actual temblor. Eso piensa mientras demora la respuesta y eso pensó siempre que su situación alcanzó un grado de realidad insoportable. A estas alturas ya es un auténtico profesional en el ejercicio de tomar por ajeno —o por propio, pero provisional— aquello que más le concierne. Por eso piensa, por ejemplo, que el error al que con frecuencia se refiere ya estaba en él mucho antes de ver a Julia, con su abrigo rojo de enormes botones, detenida ante el portal de la academia. Estaba en él mucho antes de conocer a Julia y, de no haberla conocido, se habría realizado en otra dirección. La dirección dependía del azar; la existencia del error, no, porque éste (que aunque hubiera llegado a alcanzar resultados brillantes habría sido siempre una variante del fracaso) hizo nido en su corazón en la manera prevista por las leyes, igual que aquella triste forma de ganarse la vida —su empleo en el banco—, a la que había llegado cuando más lejos creía encontrarse de ella; cuando se sentía más liberado de la influencia de su padre. En cuanto a la deuda, es cierto que se había saldado, pero a costa de contraer nuevos y más costosos débitos. Cada vez que se saldaba una cuenta, aparecía otra, u otras, que acabaron por crear una difícil contabilidad en la que cada saldo engendraba un nuevo asiento en los terrenos del debe.

Finalmente, una vez bien establecidas las diferencias entre lo que piensa y lo que siente, Jorge responde a Julia que la policía actúa por lo general con una lógica distinta a la del delincuente o a la de los que se relacionan de algún modo con él. De ahí su éxito.

—Por otra parte —continúa—, no hemos sabido nada de tu marido desde que os separasteis. Cabe la posibilidad de que la policía lo tenga más controlado de lo que creemos. El periódico dice que llevaba una semana atracando farmacias. Pero antes de atracar farmacias se dedicaría a otra cosa, ¿no?

—¿Y lo del portero?

—Lo del portero no tiene ninguna importancia, Julia. Nos ha cogido desprevenidos y hemos cometido la torpeza de enseñarle la casa; nada más. Seguramente la policía le encargó que nos tuviera un poco vigilados, y él, para darse importancia, dijo que le habían encargado un registro. De todos modos, hemos hecho bien en no oponernos. Nos evitamos líos.

«Nos evitamos líos», repite Julia en voz baja. Jorge no sabe qué hacer. Tiene miedo de que la conversación gire de nuevo hacia el terreno de lo íntimo, porque si ya su propia intimidad le resulta una carga dolorosa, la ajena le parece francamente insoportable. Mira a la niña, que en el otro extremo del salón intenta alcanzar un paquete de cigarrillos olvidado por alguien sobre una silla. La ve esforzarse, escucha el resbalar de la silla sobre el suelo, y por fin oye lo que desde hace un rato espera: Julia ha roto a llorar. Jorge se recuesta sobre el sofá y comienza a morderse las uñas rencorosamente. No dice nada, no pregunta nada. El llanto de Julia no es escandaloso, pero sí muy profundo y desgarrador. «Si quieres saber por qué llora una mujer, no se lo preguntes», se dice en un tono experto y concentrado. Pasan unos segundos, mira a la niña, que ha arrastrado la silla un par de metros, y se repite el consejo, sólo que esta vez se da cuenta de que él no quiere saber nada sobre los orígenes del llanto, por lo que finalmente se decide a preguntar:

— ¿Por qué lloras?
— Por nada —dice Julia.

Comprueba con satisfacción los resultados de su maniobra, pero de todos modos continúa mordiéndose las uñas de forma rencorosa. Medita un momento sobre la conveniencia de marcharse al cuarto de baño con la fácil excusa de peinarse, pero se queda en el sofá porque no ignora que cuando esté en el baño más de dos minutos comenzará a tener miedo y a sentirse culpable. Piensa también en la oficina tratando de imaginar los comentarios de sus compañeros, lo que a su vez le recuerda la existencia del teléfono. Está angustiado. Quiere levantarse y telefonear al Banco para decir que está enfermo, pero ya mientras lo decide sabe que no va a moverse de su sitio porque, como un borracho, teme que, al incorporarse, la angustia cambie de lugar o crezca. Mira a la niña, se muerde el extremo de un dedo hasta hacerse sangre, y mientras la saborea reflexivamente el llanto de Julia comienza a exteriorizarse.

— ¿Qué te pasa, Julia? —pregunta, y se pone en guardia porque, tras analizar la situación, sólo le encuentra dos salidas posibles: o Julia continúa llorando, o se desahoga a través de una conversación íntima y reconfortante. Descarta en seguida la primera, puesto que para seguir llorando de manera eficaz deberá aumentar los hípidos y el resto de los signos exteriores del llanto. Pero Jorge sabe muy bien que hay factores ambientales (la niña, que aún no ha advertido el estado de su madre; los vecinos, que podrían oírlo todo a través de los frágiles tabiques: el teléfono, su trabajo, su familia y el propio Jorge, que seguramente tiene también un límite de resistencia), cuya función consiste en inhibir de raíz o en reprimir a tiempo las tentativas de enajenación u olvido. La influencia de estos factores se desprecia a veces en el cine, pero la vida dura más que una proyección. Por lo tanto, Julia comenzará a hablar de un momento a otro, y sin ningún pudor presumiblemente.

—Es que —dice al fin algo menos crispada— no dejo de pensar en Luis.

—Es normal. Yo tampoco puedo olvidarlo.

—Pero tu situación es distinta —responde en un tono casi natural. Aunque las lágrimas no han cesado, ahora surgen con más facilidad y son muy grandes, por lo que Jorge calcula que en seguida se le terminarán las reservas—. A ti te afecta todo esto, cómo lo diría, de manera un poco tangencial. ¿Me entiendes?

—No.

—Quiero decir que aunque también lo sientas porque habéis sido muy amigos.

—Yo no lo siento —interrumpe Jorge—. Si tuviera que explicar con palabras mi postura, digamos sentimental, ante todo esto, diría que me limito a observarlo y que tomo nota de aquellos aspectos que de algún modo confirman mis ideas acerca del tinglado en que nos movemos. Los aspectos afectivos y sentimentales forman parte también de este tinglado y yo soporto sus golpes mudamente, porque no creo que estos golpes tengan un equivalente exterior. No los compensa el llanto, ni la locura, ni el sufrimiento del que pretendemos rodearnos.

—No te entiendo muy bien —dice Julia metida ya de lleno en el terreno de la lógica, en el terreno de la trampa. Tiene los ojos enrojecidos, pero sus facciones no demuestran abatimiento, sino la animación característica del que encuentra la ocasión de teorizar sobre su propio desconsuelo. Esto se revela sobre todo en el hecho de que con gestos reflexivos enciende un cigarro antes de continuar el discurso—. No te entiendo muy bien, pero me parece que tu manera de expresarte (no me refiero a tu cinismo porque nunca me lo he creído) indica que juegas con ventaja. Es como si nada de lo que sucediera junto a ti tuviera que ver contigo. O, de otro modo, que no estás realmente comprometido con nada de lo que haces, y que por consiguiente el desastre o el fracaso, o lo que sea, nunca te duele demasiado. Pero piensa en mí. Luis es mi marido y es también el padre de la niña. Yo conozco a su familia y él conoce a la mía. Temo que de un momento a otro, cuando se enteren de la persecución, va a telefonear mi madre, o su hermana, o los amigos comunes, aquellos que ni siquiera saben que estamos separados. Y estoy segura de que me señalarán como la culpable. Todo esto en el mejor de los casos. Pero ahora imagínate que también sale mi nombre en los periódicos. No sería raro, ¿verdad? Está casado con doña fulanita, aunque hace tiempo que viven separados, etc. Se enterarían en el Instituto; no sé, es una cadena de hechos que se relacionan hasta donde quiera llegar la imaginación de una.

—Todo esto lo entiendo muy bien, Julia. Pero cuando te referías al compromiso aludiendo a mi incapacidad para comprometerme, creí que te referías a otra cosa. No se me ocurrió en ningún momento pensar que te referías a compromisos legales y familiares. ¿O es que crees que los vínculos impuestos (un acta matrimonial, un libro de familia, o una relación de parentesco) acaban por convertirse en compromisos sentimentales?

Hay un momento de silencio amenazante, como si de la respuesta de Julia dependiera la posibilidad de continuar el diálogo en el mismo tono teorizante y teatral o, por el contrario, de despeñarlo por lugares en los que —desaparecido el ergotismo— surgiera la conciencia desnuda, el puro infierno en el que la palabra de cada interlocutor significara una acusación de impotencia contra ambos. Ella aspira una bocanada de humo que traga hasta los talones. Mira a la niña que tras arrinconar la silla contra la pared está a punto de rodar con ella por el suelo. Pero no hace ningún gesto de alarma, ni se precipita para evitar la caída. Arroja el humo y con una tranquilidad terrible dice:

— Sí.

La silla cae sobre la niña que tras el primer instante de sorpresa comienza a llorar hasta encanarse. Julia se levanta corriendo. Jorge despeja un movimiento mudo de terror y se defiende aún de la última respuesta con una interrogación silenciosa: «¿Qué sabe del dolor quien llora?».

El Vitaminas no tardó más que los otros en darse cuenta de su amor por Rosario, pero sí fue el último en reconocerlo, aunque lo hizo de un modo vago y general aplicando a su caso los esquemas de inconcreción con los que por lo común se tratan los asuntos amorosos. Esta actitud venía dada por el deseo de ocultar la inmediatez de sus relaciones con la chica, ya que esa falta de mediación habría puesto también al descubierto las afinidades entre Rosario y él (la identidad, paradójicamente, acentuaba las diferencias) condenando por consiguiente a sus sentimientos a la duración.

Por otra parte, a medida que sus relaciones se establecían, el Vitaminas iba creando nuevos y más complejos mecanismos de defensa para evitar que sus experiencias con Rosario determinaran su comportamiento con Julia o viceversa. Cuando los signos de este establecimiento comenzaron a exteriorizarse (Rosario fue separada paulatinamente de la rueda y hasta en los propios profesores comenzaron a advertirse signos de complicidad), el Vitaminas adoptó una postura indiferente y en ocasiones cínica con la que no lograba ocultar sus sentimientos. Cada vez que, al pasar lista, el profesor de turno nombraba a Rosario Jiménez, él bajaba la cabeza o doblaba un papel para no darle gusto, sobre todo, al acecho de Jorge. Durante algún tiempo le preocupó la actitud general del profesorado que pretendía ignorar que ambos faltaban al mismo tiempo del aula. Pero la costumbre, si no sofocó la inquietud, la estableció también despojándola de aquellos aspectos que en un principio se habían revelado como peligrosos. Finalmente, el Vitaminas acabó por sentir, entre molesto y halagado, que una conciencia superior (la misma que otorgaba a la academia aquel tono intemporal y jadeante) protegía sus relaciones con Rosario y las obligaba a progresar con aliento de impaciencia. Cuando sus citas esporádicas en el servicio se convirtieron en un hecho crónico, intuyó de dónde venía ese aliento, pero evitó el reconocerlo para no descender a los niveles en los que en realidad se hallaba junto a sus compañeros, junto a sus profesores, en la academia, en su barrio y aun con Julia, si hubiera tenido la habilidad o el interés suficiente para arañar el fino esmalte tras el que se ocultaba la verdadera imagen de su novia. Los movimientos en el fondo del pasillo se convirtieron de esta forma en un hecho más que se limitaba a coincidir con su salida del baño, del mismo modo que sus besos coincidían con las gárgaras de uno de los grifos siempre en continua actividad.

Con el paso del tiempo aquellos movimientos cuya evidencia al principio parecía involuntaria perdieron también este carácter clandestino acortando las distancias entre lo imaginado y lo real. El Vitaminas asistía a este proceso de un modo pasivo, como si guardara una última defensa que en su día habría de justificar su arrogante actitud. En las clases daba el máximo rendimiento y con Julia se mostraba alegre y prometedor. Los domingos —con un dinero pacientemente negado a sus necesidades cotidianas y que en su mayor parte procedía de la farmacia— la sacaba del barrio a media tarde. Entonces conocieron los cines de estreno, en donde las manos y las bocas se movían con más dificultad a cambio de un ambiente seguro en el que no se olía otro sudor que el segregado por Luis. Algunas veces regresaban a casa en taxi y de este modo la entrada en el barrio adquiría un carácter casi triunfal. Volvían, pero no era ése el mundo que les estaba destinado. Ellos no regresaban vencidos por una tarde inútil, no habían sido víctimas de las ilusiones del sábado, y llegaban intactos al portal de sus casas, sin la mirada rencorosa y huidiza de quienes habían visto cómo se malograba otro domingo. Todo, en fin, era perfecto. Pero el Vitaminas se mordía las uñas. Durante algunas clases, hundido en el pupitre, se mordía las uñas lentamente, mas con la insistencia del que está condenado por adentro. Cuando advertía alguna de las miradas descifradoras de Jorge, regresaba al libro o al cuaderno con una celeridad que a él mismo le parecía sospechosa. Pero en seguida, tras observar con ojos extraviados al profesor o a una mosca superviviente de las torturas habituales, volvía a su anterior actividad insistiendo en aquellas zonas de sus dedos en donde aún quedaba algo que morder.

Por las tardes —dos o tres veces a la semana— al acabar las clases iba a la farmacia con el Lefa. Solían caminar en silencio o gastándose bromas, y aunque fuera una tarde calurosa del mes de abril o de mayo, no se quitaban la gabardina hasta llegar a la trastienda del establecimiento. Jorge fue dejando de acompañarles a la farmacia a medida que las relaciones entre el Vitaminas y Rosario se fortalecían. Nunca dijo nada, al menos de una forma abierta, pero parecía reprochar a su amigo el mantenimiento de las dos relaciones, pues, aunque jamás hablaban de Julia, se sabía que el Vitaminas continuaba dedicando el tiempo libre de los sábados y domingos a su novia. En algunas ocasiones la negativa de Jorge a acompañarles se justificaba por quehaceres o compromisos cuya naturaleza nunca se aclaró hasta el punto de que el quehacer pareciera verosímil o el compromiso ineludible. Es más, en las escasas oportunidades en las que la excusa se fundó en argumentos perfectamente razonables, el mismo Jorge se encargó de lanzar en el último momento una contradicción que pusiera en entredicho sus primeros propósitos. Como cuando dijo que no podía acompañarlos porque tenía que estar en Argüelles a las ocho, y en el instante mismo de despedirse le preguntó al Vitaminas por la combinación idónea para llegar a Manuel Becerra. Curiosamente estas preguntas relativas a los medios de transporte para llegar a tal o cual sitio se referían siempre a barrios muy cercanos al de la Concepción, como si estuviera preparando un asedio, o como si confiara en que la repetición de una amenaza la convirtiera en hecho sin gran esfuerzo por su parte. En cualquier caso, el Vitaminas y el Lefa no prestaban mucha atención a estas cuestiones porque, más que revelar una vida secreta, descubrían una actividad atormentada que en la situación de Jorge carecía de interés dado el profundo conocimiento que cada uno tenía de las miserias de los otros. Un día, que tras permanecer en la farmacia unos minutos hubieron de irse de nuevo a la calle porque no había recetas que clasificar y el padre del Lefa parecía estar de mal genio, se encontraron a Jorge en unos billares de Barceló. Llevaba los libros bajo el brazo y andaba hurgando en las máquinas tragaperras en busca de un fallo mecánico que le regalara una partida. Estuvieron observándole unos instantes y el Lefa hizo intención de salir para no avergonzarle (les había dicho que tenía una cita en Ventas), pero finalmente un movimiento de crueldad les obligó a permanecer allí hasta que Jorge advirtió la presencia de sus dos amigos. Ambos creyeron que aquella humillación habría de ser definitiva, pero Jorge, lejos de derrumbarse, trabó un par de frases ingeniosas relacionadas con la inteligencia de las máquinas, y después de fingir que hablaba con alguien por teléfono se marchó precipitadamente con el gesto de quien acabara de cerrar el mayor negocio de su vida.

En fin, el tiempo transcurría entremezclando destinos, confundiendo memorias. El tiempo transcurría con gran profusión de acontecimientos íntimos y con algún que otro suceso exterior (la aparición de un nuevo modelo de la casa Seat, la ascensión inesperada de un equipo de segunda a la primera división, y también el asesinato del presidente Kennedy, católico y anticomunista, que tenía los hombros muy anchos y la sonrisa muy brillante), que, como más tarde se comprobaría, tampoco sirvieron para crear una conciencia cronológicamente ordenada en la que los aconteceres externos estuvieran registrados con un carácter sucesivo. Los hechos, como las personas, se debatían entre la identidad y el apelmazamiento; el olvido o la primavera redondeaban el trabajo, y al final de los meses, en la hora más inesperada, tal vez en un instante de plenitud, la conciencia mostraba su insoportable vacío acentuado por una imagen enfermiza y única de la que tampoco podía sacarse gran utilidad. Y en la trastienda de la antigua farmacia, mientras el Lefa aplicaba cuidadosamente curocromo en los puntos más dañados de sus dedos, el Vitaminas descifraba sus sentimientos; adivinaba que estaba enamorado de Rosario, que estaba enamorado de sí mismo, y que el deseo de desnudar a la chica venía informado por el deseo de ver en ella su propia desnudez y de palparse en una búsqueda equivocada de sí mismo. Pero en seguida, en seguida, también el tiempo se encargaría de confundir su destino con su saber y el futuro, entonces, ardería iluminando un odio que habría de elevarle o de destruirle.

¿Qué piensa un hombre mojado que viaja en el Metro? ¿Forma juicios sobre los rostros en los que detiene su mirada? ¿Recompone el suyo al advertir que alguien le observa? ¿O permanece ajeno en su rincón musitando una melodía ahogada por los ruidos del tren? Jesús Villar piensa en los teléfonos. Primero se pone el abrigo porque le incomoda llevarlo bajo el brazo, y porque teme hacerle alguna arruga que en colaboración con la humedad deforme alguna zona de la prenda. El peso del abrigo sobre los hombros le hace sentir con más intensidad el agua embebida por la chaqueta que se ha infiltrado ya hasta la camisa. Después piensa en los teléfonos, en lo extraño de su mecanismo y en la inseguridad que prometen. ¿Qué le ha pasado a alguien cuyo teléfono comunica durante horas? ¿Por qué colgó antes de que lo cogieran quien sólo lo dejó sonar dos veces? ¿Habría colgado también en el caso de que le contestaran de manera inmediata? Y por último, ¿el pitido que oye quien llama coincide con el timbre de quien recibe la llamada?

Entretanto las estaciones se suceden, y como tras el trasbordo aún debe permanecer en el vagón cuatro paradas antes de llegar a Pueblo Nuevo, intenta sacarle más partido al tema de los teléfonos. No lo consigue, y no por falta de capacidad seguramente, sino porque lo último que pensó en la cafetería acerca de golpear a su mujer en la boca con un cenicero de cristal comienza a volverse contra él en un movimiento de culpa que le hace sentirse un poco miserable. La ternura se le instala de nuevo en un punto que él localiza en la parte posterior de los ojos, justo en el lugar donde supone que ha de estar colocado el mecanismo que se encarga de proyectar imágenes sobre la pantalla de la realidad. (Influido probablemente por la experiencia del cine, piensa que los ojos, más que recibirlos, emiten los espectros que se ordenan en el espacio). Recuerda a su mujer embarazada y su pecho se contrae por la invención del hijo. Revive la tristeza en que se hundieron tras el aborto, del que también se sintió un poco culpable por permitir que Rosario trabajara en tales condiciones. Y poco a poco se convierte en el hombre manso que esconde su cobardía tras el disfraz de la bondad. Sin embargo, no deja de advertir la existencia de un impulso violento que, más que mitigado, permanece contenido por las últimas oleadas de ternura, y al que le bastará un ligero desplazamiento de ésta para emerger de nuevo con furia. Es más, en determinado momento se muerde el labio inferior con una rabia no fingida y cuya veracidad a él mismo le sorprende.

A él mismo le sorprende. Al salir del andén en Pueblo Nuevo alguien, a quien no conoce, le hace una seña que Jesús Villar elude con la habilidad propia de un especialista en gestos. A pesar de esto, el hombre se dirige a él de manera inequívoca y Jesús Villar, sacando la mano derecha del bolsillo, se detiene dispuesto a hacerle frente. El hombre, más bajo que él, tiene dificultades para comunicarse. Además sus primeras palabras se diluyen en el ruido del tren y Jesús Villar ha de inclinarse un poco, cortésmente, sin descuidar la guardia. La disimetría del rostro de quien habla se debe al parecer a una parálisis facial que alcanza a la parte derecha de su boca. Con esfuerzo le repite a Jesús Villar la propuesta de darle cobijo bajo el paraguas que muestra ostentosamente, como si el objeto pudiera completar o reforzar el sentido de sus frases. Dice que son vecinos, aunque no aclara el tipo de vecindad, y que por lo tanto han de seguir la misma ruta. Jesús Villar tarda en reaccionar unos segundos. El tipo le recuerda a uno de esos coleccionistas de sellos de los que nunca se sabe a ciencia cierta lo que en realidad coleccionan. Finalmente sonríe y le agradece la invitación, pero es que soy un despistado y tenía que haberme bajado en la siguiente, porque he de hacer unas compras en Ciudad Lineal; de modo que voy a esperar al otro tren. Gracias, gracias, de todas formas muchas gracias. El hombre se aleja decepcionado y Jesús Villar observa atentamente su manera de caminar. Tiene ademanes de animal prehistórico en plena mutación: se le han atrofiado las patas delanteras. Después espera unos minutos y tras quitarse el abrigo para protegerlo de la lluvia se dirige a la salida.

En el momento de deshacerse del billete usado oye una sirena de un coche de bomberos y comienza a correr para verlo pasar. Sube las escaleras como un loco riéndose interiormente de quienes entre el odio y la curiosidad observan su conducta. Al alcanzar la calle vuelve la vista y ve al camión-cisterna abriéndose paso entre la circulación entorpecida. Espera aún unos instantes bajo la lluvia hasta que el coche de bomberos se aleja lo suficiente como para presumir que el desastre no está cerca, y después, arrimándose a la pared, comienza a caminar hacia Caudillo de España. Antes de alcanzar la esquina recibe un aviso, mas como todavía ignora por dónde ha de completarse la sospecha, se detiene bruscamente apoyando la espalda contra la pared. Frente al bar del Cojo está detenido un autobús al que los coches tratan de sortear en vano. La lluvia cae ahora verticalmente y el suelo está limpio por la persistencia del agua. Jesús Villar gira el rostro hacia su derecha y ve otra vez el bulto que corre pegado a la fachada. No necesita recordar la mirada del hombre, ni su pelo corto, ni la palidez de sus labios al mirar a quien a lo lejos simulaba atarse el cordón de un zapato, para decirse eres tú de nuevo. El Vitaminas se acerca a él corriendo y Jesús Villar se aparta ligeramente para darle paso. Siente la tentación de musitar el apodo cuando llega a su altura, pero fascinado como está por aquella presencia física tantas veces imaginada con rencor se limita a observarle hasta que el portal se lo traga. Mientras le observa rememora —utilizando una técnica cinematográfica— algunos instantes de su vida amorosa envenenados por el espectro del Vitaminas. Después sigue sus pasos, alcanza el portal y se detiene frente a él. Parece que piensa, pero sólo trata de identificar una sombra que al final del pasillo, en el recodo, da la impresión de asomarse con la cautela del que huye. Después espera aún unos instantes y luego se introduce en el portal siguiendo un rastro excesivo de agua cuyos reflejos, por contraste, destacan la suciedad del suelo. Llega al recodo y descubre las escaleras por las que se desciende al vientre del edificio. No ha sentido nunca tanto miedo, excepto durante su infancia, pero al igual que aquél se trata de un miedo activo que conduce a la perdición a quienes lo padecen.

Inicia el descenso tanteando las sombras con las manos hasta alcanzar una especie de rellano en el que, a pesar de lo oscuro, se distinguen, una frente a otra, dos puertas. Bajo la de la izquierda hay una rendija de luz. Jesús Villar pega su oído a la madera y permanece así unos instantes. Mueve los labios, como si murmurase una letanía, mientras que con la punta de sus dedos, tratando de no perder la estabilidad, tantea el quicio para averiguar de qué lado se abre la puerta. Pero no la abre porque de súbito su miedo se transforma en asco. Entonces da la vuelta y ajustando el bulto del abrigo bajo el brazo derecho sube las escaleras, sale al portal, en donde un ratón uniformado le pregunta a quién busca (—lo siento, me he equivocado) y alcanza la calle entre la inseguridad y el alivio.

Un primer impulso le lleva hasta el bordillo de la acera. Cree que va a cruzar, pero el agua despedida por las ruedas de los coches le obliga a volverse. Entonces descubre el ventanuco enrejado que hay a ras del suelo por el que sin duda descargan el carbón destinado a alimentar las calderas. Torpemente reconstruye el itinerario que acaba de seguir tras el Vitaminas, y al fin deduce que debe de pertenecer al cuarto bajo cuya puerta vio una rendija de luz. Se acerca a él un poco olvidado de sí mismo, como envuelto en una acción que apasionadamente le solicitara. Ya no es el miedo lo que le fascina, ni tampoco la posibilidad de perderse, sino la rara precisión con la que se han imbricado los sucesos. Tanta coincidencia sólo puede darse en beneficio de un código cuya lectura podría ser aplazada o falseada, pero inevitable. Así pues, se agacha y mira fijamente al interior. Parece que piensa, pero sólo trata de abrirle un camino a su mirada.

Luego permanece unos instantes de pie, indiferente ya a los efectos de la lluvia. Después se pone en movimiento y penetra en una cabina telefónica situada a pocos metros. Busca la ficha que le sobró en el bar y cuando la encuentra descubre que el teléfono sólo funciona con monedas. Inicia otra expedición por los bolsillos y en seguida descuelga el auricular marcando un número de tres cifras. «Policía», dicen al otro lado tras dejarlo sonar un par de veces. Jesús Villar se toma unos segundos y al fin responde: —Escuche, soy un comunicante anónimo. No me pregunte nada; limítese a tomar nota de la información que, por lo demás, es segura: el atracador de farmacias conocido por Vitaminas se encuentra en estos momentos paseando por los alrededores de la estación de Atocha. Es fácil de reconocer, aunque se ha puesto una barba postiza.

La soledad, que era una imposición, se mostraba como una alternativa, pero la orden venía hábilmente mediatizada en beneficio del engaño. No obstante, el Vitaminas, acometido ahora por la experiencia de lo inmediato, alcanza ésta y otras conclusiones en el curso de un ejercicio gratuito y eficaz. Está acostado frente a la pared, de espaldas a la caldera grande, y el objeto final de sus reflexiones emerge de manera espontánea y libre de la larga cadena de intermediarios que operan sobre la realidad para confundir su naturaleza. Siente sobre sí el peso del abrigo notablemente reforzado por el agua embebida, y dice noto la muerte en una cierta agudización de las sensaciones personales; esto que ahora me pasa me está pasando a mí y sólo desde donde miro —desde esta solidez mortuoria— puedo juzgar los atributos de cuanto me rodea. El solipsismo no es una forma de conocimiento, sino la última etapa de la angustia; después está la paz, la inútil paz del que no ha encontrado ninguna salida hacia el exterior, hacia una actitud que suponga un engrandecimiento moral. ¿Dónde, dónde está el camino de la perfección? Noto mi muerte separada de los intereses ajenos...

Sin embargo sabe que no se va a morir, que tal idea es un producto de la fiebre y de los optalidones que ha ingerido casi de manera continuada. Pero la utilización sistemática de la mentira le ayuda a soportar los instantes de lucidez, una lucidez confusa que, por otra parte, sólo le sirve para advertir la presencia del horror, no para superarlo. A la altura de la cadera, y debido a la sensibilización progresiva de todos sus sentidos, nota el peso insoportable de la navaja automática, pero no lo evita. Está un poco sorprendido todavía de su nueva aptitud para utilizar el engaño en pro de la verdad. Y recuerda, con la nostalgia del que hubiera leído muchos libros, la enorme sorpresa que le causó en su día el descubrimiento de que la duda cartesiana, como su mentira de hoy sobre la muerte, no era real, sino metódica.

Se va durmiendo vencido por un sopor compacto. Durante el trayecto de la vigilia al sueño mueve la mandíbula inferior y babea con ademanes de idiota o de borracho. Las palabras de los profetas, dice como quien escuchara una guitarra, están escritas en las paredes de los subterráneos y en los vestíbulos de las casas baratas. Durante treinta segundos permanece olvidado y se siente feliz en lo espeso del légamo que le conduce. Pero en seguida regresa al cuarto de calderas con un escalofrío que le abrasa los ojos. Tras levantarse busca el tubo de los optalidones y aplicándolo directamente a la boca traga aún tres o cuatro pastillas. Estudia de nuevo su posición y de nuevo concluye que aunque el portero entrase para alimentar la caldera no advertiría su presencia, a menos que hiciera algún ruido delator. Estima, pues, que no debe dormirse porque podría delirar o emitir algún otro sonido incontrolado. Mi vida parece irreal, mi delito una ilusión, una comedia mal escrita en la que he de actuar. Pero me buscan realmente y no escucho ninguna música que anule o magnifique el sentido de mis palabras. Sólo la lluvia al otro lado y las tuberías en éste, y yo, de pie, sosteniendo este abrigo húmedo. Aún podría salvarme. He de salvarme aún para buscar la salvación por los caminos de la ineptitud; sobre todo ahora, cuando sé que no soy inteligente. Los meses ya no serán febrero ni julio ni septiembre. Los años no serán etapas ni marcarán los vencimientos de las promesas no realizadas. Mi destino no está escrito en el horizonte, sino en los muros de los subterráneos y en los vestíbulos de las casas baratas. Tal vez haya un sitio donde no puedan encontrarme.

Se ha puesto el abrigo, se ha subido las solapas y pasea muy concentrado sin abandonar la zona oculta de la caldera grande. Con la yema de los dedos toca a intervalos la superficie pulida de la navaja automática, lo que le produce descargas de placer en las ingles y en el punto de los párpados donde parece concentrarse la fiebre. Está tranquilo y previsor. Calcula con ademán experto los progresos de la bronquitis y trata de encontrar una relación aproximada entre el dolor del pecho y la situación objetiva de su aparato respiratorio. Para lo cual enciende un cigarro y aspira con fuerza el humo intentando seguir el recorrido del mismo. El humo supera con dificultad la tráquea y penetra en los bronquios alcanzando un punto que el Vitaminas calcula muy cercano a los pulmones. Allí es frenado por la infección y expulsado inmediatamente por los órganos inflamados en un golpe de tos que le hace llorar. Piensa en los supositorios balsámicos, pero los imagina deshechos por el calor. Con la mirada fija en algún punto saca el tubo de los optalidones por ver si alguno de sus componentes tuviera propiedades antiinflamatorias: ácido isobutilalil-barbitúrico, dimetil-aminofenazona, trimetilxantina y mierda, dice al tiempo que abre el tubo y traga las últimas pastillas. Después se acerca a la parte frontal de la caldera y tras abrir su puerta arroja al fuego la navaja automática. Mientras las cachas arden y el acero enrojece, cree oír una canción infantil a sus espaldas, pero no se vuelve porque comprende que ha de dominar alguno de sus impulsos en pro del escaso equilibrio que aún le queda.

Se guarda el tubo vacío de los optalidones y decide volver al rincón para echarse otra vez sobre los sacos. Continúa tranquilo y previsor. Primero orina sobre la bandeja de los hongos y dice mingitorio, palabra ésta que le gusta mucho, pero que apenas ha podido utilizar a lo largo de su vida. Después medita y, en seguida, advierte que la envoltura de su meditación es tan convencional como su tono. Pero no se angustia, hace ya un rato que no le angustia nada; le extraña simplemente que su especial situación no haya tendido todavía a crear en él nuevas capacidades oratorias que justifiquen su locura ante un posible espectador. Dice al azar algunas cosas y calibra luego cuidadosamente el grado de rareza alcanzado por cada una de las frases. El resultado es desastroso: apenas ha conseguido musitar dos oraciones que se despegan muy ligeramente del lenguaje oficial y establecido. Además no significan nada. Pero ¿es que significa algo su modo de actuar? Tal vez resida ahí la clave del asunto, dice, e inmediatamente: qué clave, qué asunto, qué residencia. Las frases hechas le rodean y desprestigian su actitud, por lo que finalmente decide que uno debe limitarse a actuar, y que es preciso no volver nunca sobre los hechos con la intención de cuestionarlos o de compararlos para no advertir tampoco la falta de progresión (pero progresión hacia qué, hacia dónde) entre unos y otros. Nada de un hecho de hoy delata un avance con respecto a los perpetrados ayer o el anterior verano. Tal vez una memoria perezosa o poco dotada podría camuflar algunos atributos de las viejas actuaciones de forma que tales atributos se presentaran como novedad en las actuales. Pero la suya es una memoria competitiva y cristiana que fía a la voluntad lo que no puede alcanzar con la inteligencia. De ahí que continúe, a su pesar, buscando las pruebas de una superación que haga más llevadero su desastre.

Se acuesta por fin sobre los sacos sin quitarse el abrigo, y después de una pausa dedicada a imaginar figuras sobre las manchas de la caldera, vuelve al análisis de su situación que, además de poco inteligente, se le antoja inútil. No obstante, no trata de combatir una inquietud que no tiene, ni de cumplir ninguna penitencia, pues tampoco se siente culpable, sino de especular sobre su propio ser con la frialdad obtenida de las propiedades narcóticas de los optalidones y de la fiebre que le abrasa, como dos bolas de fuego, la mirada. Se siente torpe y objetivo y un poco separado ya de los azares de una huida que parece no concernirle. Gracias a esta lejanía, ha estado a punto de recurrir a algunos rudimentos del mecanicismo con los que habría negado fácilmente cualquier implicación, a título personal, en la historia que padece. Pero quien ha vivido para progresar, quien sólo ha concebido los hechos, las personas y los días como etapas de una ascensión que conducía al triunfo, no puede en un momento límite deshacerse de la voluntad, ni trocarse en una masa inerte a disposición de los vientos, las lluvias, o cualquier otra actividad siempre exterior a sí misma.

Por fortuna no fue triunfo la palabra de la que se sirvió para denominar el objeto último de sus actividades; y no lo fue porque el triunfo no tiene más alternativa que el fracaso. Salvación, sin embargo, significaba también victoria, pero parecía referirse a un tipo de conquista interior, ajena a los sucesos exteriores del sujeto que pretendía salvarse. De manera que aun en la situación más desastrosa cualquiera puede componer un epinicio en honor de la grandeza espiritual que todo desventurado tiene derecho a atribuirse.

Mas Luis, el apodado Vitaminas, conoce ya la mentira del espíritu y está en disposición de calcular el precio monetario de la felicidad y el orden. Pero no le sirve de nada, como a un ciego tampoco le devolvería la luz el reconocimiento de su rareza física. Con una mano alcanza a tocar la pared. Le duele el pecho y llora y sabe lo que en verdad quería violar cuando entró en la farmacia y tras un breve saludo esgrimió la navaja automática. Dijo ¿dónde está Rosario? Y el padre del Lefa contestó asombrado y pálido ya no trabaja aquí. Bueno, deme el dinero, no las monedas, los billetes que esconde bajo el cajón de la registradora. Luego había pasado la noche a la intemperie, deshaciéndose de un dinero con el que no pudo librarse de sí mismo, mientras el frío penetraba traicioneramente por las rendijas de su ropa hasta tocarle la garganta y los bronquios. Y el corazón.

Ahora se duerme empapado de agua y de sudor, y mientras se duerme, ve cosas.

Antes de ganar el dormitorio, agotaron todas las posibilidades que les ofrecía el sofá y que venían a ser las mismas que las de la cama, excepto por el espacio desprovisto de sábanas y de lugares adecuados donde depositar la ropa; aspectos que conferían al hecho determinados matices de urgencia y transgresión muy útiles para el desarrollo del primer encuentro físico. La cópula no fue ciertamente satisfactoria para ninguno de los dos, y esto no sólo por la posición irreductible de ambos, debida en gran parte a las inhibiciones creadas por la necesidad de dar al otro una imagen sabia y firme de sí mismo, sino también porque aquel encuentro no era gratuito ni espontáneo, ya que existía en función de dos programas diferentes, de dos búsquedas. Pero los programas, como las búsquedas, parecían estar orientados a distintas materias, y ellos carecieron de la habilidad precisa para conciliarlos.

De todos modos suplieron esta falta con una descarga sentimental cuyas proporciones les sorprendieron, aunque tal descarga se ajustara en todo momento a las normas reguladoras de los sucesos afectivos más comunes. Sin embargo, entre los estremecimientos de uno y de otro hubo diferencias notables que de algún modo contribuyeron a crear un ligero clima de desconfianza, o de reserva, que informaba subterráneamente a las efusiones, y contenía los arrebatos en el límite más allá del cual habría sido necesaria la intervención del futuro. Así, por ejemplo, Jorge no creía en sus impulsos emocionales o los contemplaba desde cierta distancia, sin decidirse a aceptarlos como suyos por más que le empujaran a acciones realmente sentidas. En cambio, Julia, alentada por la música que ella misma había elegido, no experimentaba, como Jorge, sus estremecimientos, sino que los vivía y se alteraba de verdad toda ella con la revisión contrastada de un pasado del que podía extraerse una cierta grandeza dolorosa y, al parecer, atractiva.

En determinado momento de la noche, cuando la iteración ya un poco forzada de ciertas emociones comenzó a resultarle repugnante, Jorge pidió permiso a Julia para ducharse, deseo perfectamente justificado por el calor del ambiente, al que se había sumado el producido por la lucha de los dos cuerpos en el sofá y sus cercanías. Permaneció bajo el agua mucho tiempo intentando, de una parte, disfrutar de aquella sensación casi marital que le proporcionaba el haber accedido a la bañera de Julia, y dominando, de otra, el asco producido por la utilización de unos aparatos sanitarios completamente ajenos. También —mientras se secaba superficialmente con una toalla sucia y todavía húmeda por un uso anterior— debió de meditar algo o de alcanzar algunas conclusiones, porque salió del cuarto de baño con el rostro endurecido y resuelto.

En el salón recogió su ropa desperdigada por el suelo, y bajó un poco el volumen del tocadiscos en consideración al sueño de los demás. Luego, tras ponerse la camisa y los pantalones, entró en el dormitorio. Julia estaba desnuda, aunque estratégicamente cubierta con las sábanas, y coreaba con bastante sentimiento la canción que sonaba en el tocadiscos, que, entre otras cosas, decía tengo el pelo completamente blanco, pero voy a sacar juventud de mi pasado; lo que a Jorge le pareció excesivo dada la evidente juventud de la chica. Entonces, para hacerla volver a la realidad, explicó que había bajado el volumen del aparato por miedo a que se despertara la niña. Julia le dio las gracias y encendió un cigarro apoyando el cenicero en su vientre al tiempo que reparaba en que Jorge se había vestido. Dijo quédate a dormir, por favor, a lo que éste accedió con gesto concesivo, aunque en ningún momento había pensado en marcharse.

Así pues, se desnudó y penetró en la cama junto a Julia, quien en seguida le ofreció de su propio cigarro, como suelen hacer en algunas películas quienes acaban de someterse a una intensa sesión amatoria. Permanecieron largo rato sin hablar, contemplando el techo y escuchando las canciones que sonaban en el salón, con las que Julia iba identificándose de nuevo progresivamente. Te lo juro que no volveré aunque me haga pedazos la vida. Entretanto Jorge trataba de compensar la actitud dolorosa de su compañera haciendo anillos con el humo del cigarro, o carraspeando de forma bastante grosera y si quieren saber de mi pasado es preciso decir una mentira.

Cuando se acabó el disco, Jorge dio un respiro cuya evidencia no trató de disimular. Julia apagó el cigarro, y tras cubrirse parcialmente con la colcha se dirigió al salón para desconectar el tocadiscos. Pero tampoco en esto se comportó de una manera natural, porque entre el clic producido por el botón del aparato y su entrada en el dormitorio transcurrió un tiempo excesivo cuyo silencio inquietó a Jorge, hasta que la vio aparecer de nuevo y observó cómo la colcha la envolvía ahora de manera perfectamente artificiosa y calculada. Se la había cruzado en bandolera, desde el hombro izquierdo hasta la cadera contraria, en donde, tras superar un nudo, el tejido se deshacía en pliegues que ocultaban por el frente las piernas. En cuanto al pelo, éste se amontonaba sobre el hombro desnudo equilibrando el peso de su figura, y valorando al tiempo la textura de la piel en esa zona. Jorge la observó con avaricia hasta que Julia, tras arrancarse la improvisada túnica, se acostó junto a él y rompió el ya largo y rencoroso silencio:

—¿No te gusta este tipo de música?
—Querrás decir de canciones —respondió Jorge con malicia.
—Bueno, da igual.
—No, no da lo mismo. La música carece siempre de argumento; sin embargo en las canciones lo importante es la historia.
—Bien, pero ¿te gusta o no?
—No.
—¿Por qué?
—Porque yo soy contrario al sufrimiento, incluso cuando se trata del sufrimiento moral. Ya sé que últimamente se valora bastante esta capacidad, y que quienes la desarrollan adecuadamente acaban por adquirir un gesto entre resignado y duro que da siempre buenos resultados. Pero yo no puedo con ello; huyo del sufrimiento como de la peste.
—Eres un cínico —dice Julia, herida en su propia estimación, y desprovista ya de la grandeza calamitosa que las canciones le habían transmitido.
—No lo tomes así, por favor. No pretendía ser agresivo, pero es que estas cuestiones me ponen nervioso. Es como si no fuéramos capaces de alimen-

tarnos con nuestra propia experiencia. Ya sé que no es mucha, pero creo que deberíamos intentar sacar algún partido de ella. Durante los últimos años no hemos vivido nuestra vida, sino que hemos imitado la de los otros; o, mejor dicho, la que creíamos que vivían los otros. El cine y las canciones nos han proporcionado unos modelos de comportamiento que no guardaban ninguna relación con nuestras circunstancias. Y nosotros hemos ido por ahí, como idiotas, inventando un pasado intenso y doloroso, porque no sabemos disfrutar de nada, excepto del dolor, siempre y cuando nos llegue convenientemente aderezado.

—Eres muy amargo, Jorge —dice Julia en un tono triste que, sin embargo, denota admiración.

—Al contrario, intento no serlo. O en todo caso intento que en mi amargura no participen agentes extraños a ella. Por eso evito identificarme con las canciones que antes escuchábamos; porque no hablan de ti, ni de mí; porque no hablan de nadie seguramente.

Jorge iba a seguir razonando, pero se dio cuenta de que estaba cayendo en la trampa de la sinceridad, y sabía que de esa trampa sólo se sale a través de la estupidez, o de la destrucción. Y como no quería volver a las anteriores efusiones sentimentales, ni abandonar aquella cama a tales horas de la noche, decidió callarse en el momento justo en el que estaba por contar de nuevo la historia de Julia cuando, detenida frente al portal, fue vista por él. Llevaba un abrigo rojo con cuatro botones enormes. En la mano derecha sujetaba unos libros en esta posición.

Julia se acerca a él, se protege bajo su brazo y dice en un murmullo apenas perceptible: quédate a vivir conmigo. Jorge no dice nada, mira al techo de manera perfectamente sólida y sentimental. No necesita hablar, no necesita hacer un gesto con la mano; no está incómodo, en suma. Por qué no, se pregunta, por qué no trasladar aquí mis cosas y obligarme a vivir bajo la mirada de alguien a quien he deseado tanto. Después se vuelve un poco y mira a Julia artificialmente. Dice: —Pasan los años sin que nada, bueno o malo, madure en mí. No soy peor ni mejor que aquel adolescente insoportable. Ni siquiera soy distinto. Me parece que no tengo acceso a nada. Me parece que todo esto ya estaba previsto.

Y después, saboreando el hámago producido por esta última consideración, retira las sábanas («juro que un día te veré desnuda») y se arroja sobre el cuerpo de Julia violentamente.

El reguero de agua formado por las ropas chorreantes del Vitaminas y pisado posteriormente por Jesús Villar era demasiado visible para no constituirse en sospecha; sobre todo porque, en vez de seguir la trayectoria que conducía al ascensor, torcía a la izquierda y descendía a las zonas de servicio. El portero lo había visto antes incluso de toparse con el desconocido cuyos movimientos habían observado desde el bar, y que ahora salía a la calle tras fingir una equivocación; pero lo había atribuido a la maldad de algún vecino que sin duda le odiaba, pues también en las escaleras y en el ascensor había encontrado últimamente colillas pisoteadas y otros desperdicios a pesar del cartel que, situado en un lugar visible, solicitaba de los propietarios su colaboración para mantener limpio el portal y demás zonas comunes de la casa. Sin embargo, cuando se dirigía a buscar la fregona para recoger el agua, sintió que su propia torpeza (atenta siempre para aprovechar cualquier oportunidad de confundirle) alumbraba un razonamiento lógico y prometedor. Nadie, excepto él, bajaba nunca al cuarto de calderas ni al de contadores.

Sintió un primer impulso bajo cuya influencia decidió regresar al bar para hacer partícipe de su sospecha al inspector Núñez. Pero tras dar unos pasos en esta dirección se detuvo con la idea de disfrutar a solas de su triunfo, o de prepararlo convenientemente, de manera que cuando se confirmaran sus deseos no hubiera lugar a dudas sobre lo decisivo de su participación en aquel suceso, cuyas incidencias habrían de narrar con detalle los periódicos.

Comenzó por encender la luz de ese tramo de escalera y luego inició un descenso frío y emocionado. Bajaba apoyándose con las manos en la pared y con la cabeza adelantada al resto del cuerpo de manera que fuera el oído lo primero en captar cualquier posible amenaza. El rastro de agua aparecía pisado en las dos direcciones y en el vivo de los peldaños había algunos restos de suciedad que denunciaban la presión intensa y continuada de un calzado fangoso. Cuando las dos rendijas de sus ojos pudieron dominar el pequeño rellano donde moría la escalera, se detuvo para controlar sus impulsos respiratorios, mientras buscaba con la vista algún pequeño detalle delator de una presencia extraña y fugitiva. Finalmente descendió del todo, y tras comprobar, sin dar la espalda al cuarto de calderas, que la puerta del de los contadores continuaba cerrada con llave, aplicó el oído a la de enfrente y estuvo una eternidad imaginando, o escuchando realmente, ruidos amortiguados y bisbiseos muy semejantes en su tono al rezo de una letanía. Podría entrar: a esa hora solía alimentar un poco la caldera grande. Podría entrar con naturalidad y coger naturalmente la pala con la que echaría dos o tres paladas de carbón, mientras averiguaba en dónde se escondía el bulto. Luego se dirigiría hacia él sin mirarlo, como reclamado por algo muy cercano, pero muy ajeno, a su presencia;

y cuando hubiera calculado la distancia, levantaría la pala asestándole un golpe definitivo en la cabeza. Yo había entrado, como siempre, a comprobar la presión de las calderas y a mantener el fuego, cuando me pareció oír un ruido en tal rincón (¿de qué periódico es usted?). Ya me había dado cuenta de que alguien había andado por allí, porque algunas cosas no estaban en su sitio. Pero al principio no le di importancia. Fue en el mismísimo momento de agarrar la pala cuando sentí que alguien se rebullía tras la caldera grande, y desde luego no lo pensé ni un momento. Corrí al rincón y me topé de frente con el sujeto objeto de la búsqueda. Yo, la verdad, no me creía que fuera a defenderse, pero en esto que le veo tirar de navaja y abalanzarse contra mí.

Finalmente, cuando los murmullos del otro lado de la puerta adquirieron un tono semejante al del sueño o al de la locura, su sentido de la prudencia le obligó a abandonar la entrevista y le condujo de nuevo a la escasa claridad del portal con una rapidez humillante y liberadora. Afuera no cesaba de llover. Recorrió el pasillo que conducía a la calle imaginando alguna variante de su anterior actuación y pisoteando con un poco de rabia el rastro de agua dejado por el Vitaminas. Llevaba la mano derecha apretada contra el hombro en un afán desesperado por detener la abundante hemorragia producida por el navajazo del atracador. La sangre fluía por entre sus dedos y se deslizaba por el envés de su mano hasta alcanzar la manga del uniforme, pero no se mezclaba con el agua de la lluvia, ni se diluía en ella, sino que conservando su naturaleza compacta y viscosa fluía en hilos a través de los improvisados cauces de su piel. Al principio había conseguido ocultar la mancha roja del hombro, pero, a medida que avanzaba, ésta se extendía debido a las propiedades absorbentes del tejido, y teñía todo su pecho con un escándalo que anunciaba un inmediato desfallecimiento. Miró con esfuerzo sobrehumano la puerta difuminada y oscilante del bar. Dio un traspiés. Parecía que iba a caer entre los coches, pero extrajo fuerzas de su debilidad y sorteando la circulación enloquecida alcanzó la puerta del establecimiento. El inspector Núñez, sin demostrar impaciencia alguna, le preguntó:

—¿Quién era aquel tipo?
—Nadie. Uno que se había equivocado —respondió con odio el Ratón.
—Pues ha hecho cosas muy raras al salir del portal. Primero se ha asomado al ventanuco aquél, por donde descargan el carbón, supongo. Después se ha metido en una cabina telefónica y aún está allí.
—Es que el malhechor está escondido en el cuarto de calderas.
—¿Qué dice?
—Ya me ha oído.
—Tú, Cojo, ¿dónde tienes el teléfono? Soy policía.

El Ratón se llevó la mano al pecho: la herida aún no había cesado de manar.

Finalmente, el teléfono negro había sonado deshaciendo cualquier tentativa de incluir a aquella mañana en las apartadas zonas de lo irreal. Jorge, aparentemente solicitado por la niña, se retiró a tiempo de las proximidades del sonido, de manera que Julia no tuvo más remedio que hacer frente ella sola a la amenaza. Ahora responde con monosílabos sumisos a quien desde el otro lado le dice cosas que modifican su expresión, mientras Jorge, retirado a una zona intermedia desde la que puede oír y no oír las respuestas de Julia, entretiene a la niña insaciable de gestos y palabras. Quién será, quién no será. Mira una lengua, una mano, no llores, escucha una canción. Un compromiso inútil. Su familia, no sé, no la conozco. Pueden venir ahora. Yo sé que ahora vendrán caras extrañas. Quién será, quién tendrá cinco lobitos tiene la loba, cinco lobitos detrás de la escoba. Tranquilidad, ante todo muchos lobitos detrás de la escoba. Habíamos conseguido atrapar un vaso entre una de las butacas y la pared, no llores, cinco criaba, luego ella presionó un poco y el vaso saltó manchando la pared. De La Habana ha venido un barco, pero la mayor parte del líquido se derramó simplemente hacia abajo por entre las grietas del cristal. Entonces Julia abandona el auricular sobre su asiento y, después de no mirar a ningún sitio, mira a Jorge, que no se atreve a preguntar no sea que su pregunta se interprete como la decisión de inmiscuirse activamente en un asunto ajeno. A través del tabique se oye la radio de una casa vecina; el concurso ha terminado y ahora dedican canciones con argumento a seres alejados de su hogar.

— Era la policía —dice Julia.

— Claro, es normal. Tenían que llamarte más tarde o más temprano. Al fin y al cabo eres su mujer.

Julia no responde de manera inmediata; es decir, que se niega a continuar un diálogo ajustado a los reflejos habituales, porque siente un terror seguro y libre de los disfraces con los que se dulcifica el miedo. Ha caminado con los ojos excesivamente abiertos hasta el sofá y está sentada buscando una salida. La niña, dice, la niña es un estorbo ahora. No tiene arreglo ya.

— ¿Qué dices? —se atreve Jorge tras abandonar a la niña sobre una montaña de plástico.

— ¿Cuántos años han pasado desde que me viste frente a la academia con el abrigo rojo?

— No sé, diez o doce.

— Lo recuerdo tan bien. Tenía cuatro grandes botones y el cuello era redondo —dice y siente que ha conseguido una vez más metamorfosear su angustia. Jorge la mira con cierta prevención y parece dispuesto a complacerla en todo—. Diez o doce años, sin embargo, y nunca más he vuelto a tener ningún abrigo que signifique tantas cosas como aquél.

— Sí, te comprendo. Para mí los últimos tiempos han carecido también de referencias.

— Eso es, eso quiero decir. ¿Recuerdas qué largos eran los años de la infancia? Duraban siglos y pasaban infinidad de cosas dignas de ser recordadas. Ahora no pasa nada y cuando pasa es peor.

Pero ella se ha situado ya en esa zona, a medio camino entre la nostalgia y la impudicia, en donde no se le exige ningún compromiso con su situación personal, en donde nadie, en definitiva, puede obligarla a vivir. El mismo miedo, en esa zona, parece estar hecho de una materia distinta y hasta es posible, sabiendo utilizarlo, obtener de él algún provecho en esa dirección señalada por las inhibiciones. Pero aún han de pasar unos minutos antes de que Julia se decida a contar la otra parte de la conversación mantenida con la policía. Entretanto, Jorge calmará su impaciencia poniendo un poco de orden sobre los objetos situados a su alcance, y la niña ampliará su campo de acción arrojando lejos de sí los juguetes de plástico sobre los que estaba sentada. No es una tregua, sino la expresión de una metamorfosis, un cambio destinado a aplicar sobre la realidad determinadas cualidades dirigidas a hacerla más soportable, no más inteligible.

—¿Sabes lo que me han dicho?
—¿Cómo voy a saberlo?
—Me han dicho que no me mueva de aquí porque tal vez necesiten mi ayuda. Era un inspector; se ha presentado muy correctamente, pero ya no me acuerdo de su nombre. Dice que Luis está escondido en el sótano de esta casa y que va armado.
—¿Y en qué les vas a ayudar tú?
—No sé. Supongo que querrán utilizarme para hacerle salir sin que sea necesario armar mucho lío —Julia se ha escuchado a sí misma y se sorprende de la naturalidad con la que ha logrado expresar una idea terrible—. Además, si no se entrega voluntariamente, pueden herirle.
—Claro.

Luego hay un silencio tras el que cada uno espera la decisión del otro para averiguar en qué dirección transcurrirán los acontecimientos. Julia está tranquilamente instalada en una especie de debilidad que la exime de intentar cualquier iniciativa. Aunque por otra parte no hay ninguna iniciativa que tomar. Se trata más bien de definir la actitud interior con la que hacer frente a las próximas horas, a los próximos días tal vez. Después vendrá el olvido o la repetición progresivamente idealizada de una historia de la que, sin grandes pérdidas, se obtuvo un bello rostro delator de un pasado intenso. Jorge, por el contrario, se encuentra sometido a una gran actividad interior. Comprende que en cierto modo se ha hecho cargo de la situación porque el guión exige de él una palabra, un gesto, algo que establezca por su parte lo que ya ha quedado establecido por la parte de Julia. El Vitaminas ni siquiera ha sabido quitarse de en medio con limpieza. Lo recuerda en sus más desastrosas actuaciones, sentado en el pupitre junto a él, en los billares, lo recuerda un lunes, su manera de andar, y de improviso advierte lo esquemático de sus vidas: cuatro o cinco sucesos mal hilvanados incapaces de soportar un argumento mínimo. Donde debía haber carne, no hay más que un vacío atravesado por el viento. Alcanza, como mucho, a ver pequeños jirones, algunos trozos putrefactos pegados a la osamenta de su vida. Un esquema sin cuerpo. Y ahora el miedo a verme mezclado en este asunto. La oficina, sus padres. ¿Qué le debo a un hijoputa que de este modo viene a comprometernos?

— Pero ¿te han dicho que iban a venir ahora?
— ¿Quién?
— Quién va a ser, el inspector ese.

—Claro; acaban de descubrirlo, me parece.

Entonces Jorge se levanta y lo dice sin gritar, sin llamar la atención de la niña, pero dice tengo miedo. Y además mi presencia aquí no tiene ningún sentido. Es mejor que me vaya hasta que pase todo. Julia le mira como si de un desconocido se tratara. Ahora es cuando más te necesito. Tendré que ir a declarar y sentiré pena por Luis. Quédate, aunque sólo sea para ocuparte un poco de la niña. A ti no van a comprometerte para nada. Es normal que en estos momentos esté alguien conmigo. Jorge empieza a odiarla o a manifestar un odio que ya latía en él antes de expresarlo con los ojos. Estoy harto de líos. Me he pasado la vida sufriendo por unas cosas o por otras. No puedo más, y no pienso estar aquí para recibir a la policía. Sabrán que hemos sido amigos y empezarán a sacar conclusiones. Yo me voy y, por favor, no intentes obligarme a nada. Quiero tranquilidad, quiero atender a mis propios problemas. Perdona, pero no puedo quedarme aquí como un imbécil para hacerle el juego al imbécil de tu marido. Coge el abrigo y se demora un poco abrochándose los botones con una torpeza fingida. Espera que sea la propia Julia quien le ayude a huir, pero ella se limita a mirarle entre el asombro y el desprecio de quien acabara de descubrir con retraso un fraude que sin embargo era evidente. Luego atiende a la niña, que se ha puesto a llorar con los últimos gritos. La levanta en sus brazos y persigue a Jorge, que ha aprovechado el momento de confusión para deslizarse. Espera a que alcance la puerta, según tiene visto en algún sitio, y entonces le llama, y cuando Jorge se vuelve dice con un rencor que en el fondo espera ser decepcionado: si te vas ahora, no vuelvas nunca, nunca. Jorge hace un movimiento de indecisión, se vuelve sin soltar el cerrojo, dice: Julia. Y a continuación un tópico cualquiera que no intenta evitar. Luego se marcha y Julia se endurece. Deja a la niña arrastrándose por el salón y se va al cuarto de baño. Ahora se está peinando frente al espejo, y, de reojo, mira la mancha en forma de cerradura en cuyo centro parpadea una pupila de azogue.

Es posible que la muerte del Lefa no fuera necesaria. Seguramente no desvió ningún camino, ni ensanchó el limitado horizonte del grupo; sin embargo, se murió, y esto tuvo importancia en la medida en que para un adolescente resulta importante la primera desaparición producida entre sus amigos. Pero su fallecimiento no confirmó todavía la certidumbre de la muerte, sino que la situó en un espacio más literario aún del hasta entonces ocupado. El Lefa ya no estaba, pero su ausencia era manipulable, lo mismo que el dolor que creían sentir ante su cuerpo. Porque en aquel cadáver —jóvenes como eran— muy pocos fueron capaces de advertir un anticipo de su propio destino.

La noticia llegó a través del director de la academia un día que los tejados relucían calientes por la primavera. Se suspendió la clase y los alumnos adoptaron los gestos de gravedad aprendidos de sus mayores, así como un tono confidencial que daba a los comentarios un aire de conspiración o de cansancio extremo. En una esquina de la pizarra, en donde el esmalte conservaba aún casi todas sus propiedades, producía el sol un reflejo que por prometer un afuera espléndido y vivo ponía en entredicho, o hacía más incomprensible el acontecimiento todavía abstracto de la muerte. Entonces alguien explicó a los alumnos que tras las vísceras del Lefa habían encontrado los doctores un bulto, del tamaño de una rata grande, que tendía a crecer sin ningún control dificultando progresivamente el funcionamiento de los órganos vitales. Alguno se llevó la mano a los riñones y se palpó en busca de una disimetría. Después rezaron el rosario.

Jorge y el Vitaminas, según correspondía a su situación como amigos personales del fallecido, acentuaron la expresión de pena y entre las letanías lamentaron no haberle visitado con más frecuencia en los últimos tiempos de su enfermedad. Después, ante el cadáver, mantuvieron una actitud serena, aunque crispada, que no era fruto del dolor reprimido, sino de la tensión producida en sus rostros por la conquista de una experiencia reservada hasta entonces a los adultos, y de la que pretendían obtener, sin duda, el grado de turbación preciso para que sus gestos quedaran en adelante señalados por la huella del sufrimiento. El Vitaminas se había arrodillado junto al féretro y apoyándose disimuladamente en el lateral de la caja movía los labios en actitud orante, al tiempo que con las uñas trataba de dejar una marca en la encerada superficie de la madera. Había frente a él algunas caras llorosas y descompuestas por una vigilancia prolongada, que intentaba ganar en intensidad al extenso dolor de los parientes más cercanos, a quienes les era permitida alguna manifestación centrífuga de su pena. El Lefa tenía taponados los orificios de la nariz y apretaba contra su pecho un crucifijo negro. Su expresión no justificaba los esfuerzos de quienes a su alrededor se afanaban en la ejecución minuciosa de pequeños detalles destinados a restaurar o a completar el orden mortuorio.

La ventana de la alcoba estaba cerrada, y la escasa luz producida por una lámpara indirecta facilitaba los movimientos subterráneos de las manos, pese a lo cual el Vitaminas no consiguió dañar el barniz de la caja con sus uñas mordidas. Decidió entonces intentarlo con la corona del reloj que tenía una superficie áspera y rugosa. Tras quitárselo disimuladamente, aplicó esta parte a la madera presionando con todas sus fuerzas; y cuando sintió que el metal se había incrustado en el barniz, desplazó el reloj hacia la derecha efectuando un pequeño surco que no podía ver, pero que se notaba al tacto al acariciar la pulida superficie con la yema de los dedos. Entretanto, las personas que ocupaban la habitación cuando él entró habían sido ya sustituidas por otros rostros igualmente compungidos, por lo que su larga permanencia junto al féretro empezaba a resultar incómoda para quienes en su postura adivinaban un intento de monopolizar el dolor que pertenecía a todos. Por fin, aprovechando uno de los relevos para no llamar más la atención, salió a la estancia contigua donde los deudos ofrecían café a los visitantes y les agradecían las abundantes muestras de cariño. Jorge y el Vitaminas, por su edad o por su condición, estaban un poco desplazados del centro en donde se producían las manifestaciones más emotivas, y aunque intentaron por su cuenta dirigir el interés general hacia la zona en la que se encontraban, apenas consiguieron unas palabras de gratitud y un fuerte abrazo tembloroso del padre de su compañero. Ellos le expresaron el pesar de toda la clase y el suyo propio por tan irreparable pérdida y se despidieron hasta el día siguiente lamentando no poder hacer nada más por ayudar a la familia en aquellos instantes de aflicción.

Cuando salieron a la calle, no era de noche aún,

pero el día estaba ya velado y en unos momentos oscurecería. Bajaron por La Palma hacia Fuencarral sin ninguna dirección determinada. Al pasar frente a la farmacia del Lefa leyeron de reojo la esquela pegada al cierre metálico del establecimiento y, por primera vez desde que conocieron la noticia, sintieron un dolor inútil e incomunicable, un daño que ni siquiera les satisfacía en su vanidad pues se desarrollaba en una zona a la que no llegaban las miradas de los otros. Jorge habló un poco apenado, recordó nostálgico algunas historias para evitar una interiorización excesiva de la angustia. El Vitaminas le pidió un cigarro, y después de encenderlo, detenido aún en medio de la acera, afirmó:

—El padre del Lefa va a necesitar ahora a alguien que le ayude en la farmacia.

—Seguramente.

—Se lo voy a decir a Rosario. Puede ir a verle dentro de unos días y decir que ha sido compañera de su hijo.

—¿Es que está buscando trabajo?

—No lo sé, pero sería un modo de quitármela de encima.

Jorge inició la marcha maldiciendo interiormente a su amigo. Había interpretado sus palabras, si no como una amenaza, sí como una advertencia de que el Vitaminas estaba dispuesto a salvarse a cualquier precio, y de que se salvaría solo, según se desprendía de la decisión de deshacerse de Rosario. Sintió la soledad de quien por un momento piensa que los demás poseen un refugio seguro y advirtió, envidioso, que el Vitaminas, aunque caminaba a su lado, estaba en otro sitio, junto a Julia tal vez, y liberado ya de aquella muerte que por fin empezaba a mostrar algunos ángulos siniestros.

El Vitaminas no volvió a hablar; lo había dicho

todo. Caminaba esquivando a la gente, fumando de manera concentrada, haciendo planes seguramente. Jorge, sin embargo, no tenía nada que planificar, excepto el fracaso. Ordenar el fracaso, disponer adecuadamente sus partes y digerirlo luego día a día, al levantarse de la cama, peinándose frente al espejo, al subir al autobús. Ir mordiendo el fracaso y acordarse de Julia con su abrigo rojo hasta que un bulto del tamaño de una rata grande devorara sus entrañas. Y no ser nada nunca, sino el testigo de la felicidad de los otros; un espía de los demás, un especialista en detectar los signos que en los demás anunciaran la podredumbre que se manifestaba en él.

Así miraba Jorge al Vitaminas, atento a cualquier señal que denotara desolación, abatimiento o duda. Así lo miró también al día siguiente, mientras le daban tierra al Lefa y el sol calentaba las puertas de los nichos. Era domingo, por la tarde, y esta suma de festividad y entierro se notaba en el doble cuidado con el que los presentes habían elegido sus ropas. Corbatas negras entre los compañeros del difunto, corbatas negras abrillantadas por el uso que de ellas hubieran hecho sus padres en anteriores ocasiones. Algunos procuraban desabrocharse descuidadamente el abrigo para mostrar el traje tantas veces planchado. Sólo las chicas —reacias a cambiar de imagen— llevaban, si no las mismas prendas de cada día, sí su equivalente por el modo en que los oscuros tejidos encarcelaban sus cuerpos.

Pero había un cambio que todos advirtieron: el Vitaminas iba con una chica llamada Julia a la que presentó como su novia. Por eso a nadie equivocó el llanto incontenible de Rosario cuando la caja se deslizó hacia abajo entre las cuerdas. Jorge, medio escondido entre los cuerpos, observó la mirada de su amigo clavada en el lateral del ataúd, como si entre las vetas esperara encontrar alguna cosa. Después le vio manipular una parte de su reloj, no con un movimiento nervioso, sino con una actividad despierta dirigida a limpiarlo de algo que se hubiera incrustado en los rebajes de la corona. Después miró a Julia y no reprimió el llanto, aunque mordió las lágrimas conducidas hasta la boca por las arrugas de su gesto. Sabía que era el principio de un largo masticarse y deseó ser otro.

Afuera, las calles vacías daban una sensación de libertad inmediatamente contenida por la desesperación de la tarde. Tarde desesperada de domingo con sol.

En los últimos minutos han vuelto a pasar varios coches de bomberos, todos en dirección a San Blas, aunque también deben de estar trabajando en el barrio de la Concepción, porque se oyen con frecuencia aullidos provenientes de esa zona. La calle está ahora desierta porque la protección de los paraguas resulta insuficiente; sin embargo, el tráfico de coches parece haber aumentado, y Jesús Villar, desde la cabina telefónica, mira el gesto de fastidio o asombro de sus ocupantes. Sonríe. En ocasiones como ésta, cuando no intenta comprenderse, es casi feliz observando los movimientos que se producen a su alrededor. Entretanto repasa el itinerario que ha de seguir el Vitaminas antes de alcanzar el sótano de la casa. En la última llamada que hizo al cero noventa y uno advirtió a la policía que el perseguido, tras quitarse la barba postiza deteriorada por la lluvia, tomó un taxi hasta Cibeles en donde lo abandonó para meterse en el edificio de Correos. En la próxima llamada cogerá el metro, seguramente, y llegará hasta Ventas. Después irá andando hasta El Carmen, y en otro par de llamadas pasará frente a la cabina refugiándose en un portal situado a pocos metros. Finalmente, hará la última llamada telefónica y verá cómo la policía saca al Vitaminas bajo la lluvia y lo introduce en un coche negro como ése que se ha detenido en la acera de enfrente.

Sonríe apoyado en el tablero de las guías telefónicas y contempla la calle satisfecho. La humedad de la atmósfera ha tocado su ánimo proporcionándole una mezcla de desesperanza y optimismo que Jesús Villar sabe utilizar para sentirse por encima de todos. Es probable que después de esta actuación se decida a ejecutar otras de menor riesgo, pero igualmente placenteras. Efectuar multitud de llamadas anónimas y vigilar luego a su receptor. Alguien que odie. Inundarle también de telegramas amenazadores, de cartas que vayan aumentando progresivamente la tensión. Dosificar la amenaza. Escribir insultos eficaces en las paredes de su oficina de seguros, aunque esto sería peligroso. No centrar la acción en un lugar al que se ha de acudir todos los días. Rayar los coches, eso sí. Por las mañanas madrugar un poco más y pasear junto a los coches con un punzón en la mano. También pinchar alguna rueda. Agachándose disimuladamente, como quien se ata un zapato, y perforar la cubierta con un movimiento invisible. Es fácil fabricar también algunas pegatinas del tamaño de la palma de la mano y pegarlas en los asientos del metro. Hijo de puta, zorra. Cosas más originales. Se suena uno la nariz chupando con disimulo la goma de la pegatina oculta en la mano. Después se apoya uno en el asiento con los brazos atrás y listo. Matar también al perro del vecino. Darle trozos de carne con bolas de naftalina dentro. ¿Y su perro? Hace días que no lo veo. Me lo ha envenenado un hijoputa. Cuando le llevamos al veterinario, ya no había nada que hacer y lo sacrificó. Vaya por Dios. Y más adelante, aunque esto exige más preparación y serenidad, incendiar buzones. Una colilla encendida y una gasa empapada en alcohol dentro de un sobre; al consumirse la colilla se enciende una cabeza de fósforo colocada al final y se prende la gasa. Primero mucho humo por la boca del buzón y después llamas furiosas en busca de oxígeno y un montón de gente jodida por cartas que no llegan. Algunas con sobre de avión y todo para el extranjero. Lo del perro hay que hacerlo con cuidado, aunque todos los vecinos le odian. Se puede utilizar carne picada para que la naftalina quede bien envuelta y el animal no desconfíe. También con sosa cáustica que es un producto corrosivo, introduciéndola en bolas de pan. Aunque a los perros no les gusta el pan. Vaya, vaya, siento mucho lo de su perro. ¿Han averiguado quién ha sido? Qué va, pero tiene que ser un hijoputa. Aprovecharse de la ignorancia del animal. Y eso que los perros son muy listos. Es que el mío había perdido el olfato por una enfermedad que tuvo de cachorro. Vaya por Dios. El animal se mea en el ascensor y asusta a los niños. Si no estuviera todo el día en la escalera. No hacerle nada a Rosario. Pobrecilla. Después de todo, lo pasado pasado, y el Vitaminas se va a pudrir en la cárcel, aunque al efectuar la primera llamada pensó que iba a ayudarle. Prohibirla que vuelva a hablar de la academia. A mi hijo le enseñaré cosas de botánica. Comprar una enciclopedia. A su madre es distinto; no odiarla, pero tampoco dejarse llevar por arrebatos pasajeros. Mantener una postura equilibrada. Llamo otra vez. Cero noventa y uno. Policía. Soy el comunicante anónimo. El llamado Vitaminas ya no está en el edificio de Correos. Acaba de coger el metro en Banco, línea dos, dirección Ventas. Colgar ahora. No estar nunca más de tres minutos para que no localicen la llamada. Cuando tenga ganas, masturbarme porque en esos momentos siempre hago promesas. Los debo de tener locos.

Ha llegado otro coche negro deteniéndose tras el anterior. Sale un hombre con un impermeable azul, avanza unos pasos, habla a través de la ventanilla con los ocupantes del primero y después se dirige al bar del Cojo. No temer las reacciones de Rosario, no estar en guardia siempre. Sabe fingir una debilidad que no tiene. Es probable que todos estos años haya estado viéndose con el Vitaminas. Si no se han visto, peor; desear demasiado enreda la cabeza. Todos esos coches; algunos estarán asegurados en la empresa. Mañana muchos partes por la lluvia y los compañeros deseando que les cuente. El comisario estuvo muy atento. Al principio un poco de sospecha. Trabajan bien los de la policía. Preguntan de un modo especial, aunque el comisario era un poco torpe. No veía algunas relaciones. Cosas de la vida; resulta que ese tipo estudió en el mismo colegio que mi mujer. Dicen que era bueno estudiando, pero muy suyo. Hablaba solo y esas cosas. Toda la mañana liado de un sitio para otro. El justificante. No decir academia; estudió en el mismo colegio. Todo el mundo en la misma mierda y sin más salida que tragársela. La enciclopedia, a plazos y temática. Descuento. Las alfabéticas se limitan a cumplir el expediente y dicen poco más que los diccionarios comunes. Una buena enciclopedia por temas. Un tomo, como mínimo, de botánica y otro de zoología. A plazos. Aumentar las dotes de observación estudiando las nervaduras de las hojas. Haz y envés. Aún me acuerdo. La tenia o solitaria. Lamelibranquio.

Jesús Villar busca por los bolsillos el justificante. En la cartera de plástico. Lo lee. Uno de los dos coches arranca; al llegar a la primera bocacalle, entorpeciendo la circulación con una maniobra prohibida, cambia de sentido y avanza despacio hacia la cabina. Tragarse la mierda, la de los demás y la de uno; entonces, todos limpios, recién bañados, hablar sentados al sol de cualquier cosa. Trabajar, eso sí, porque es preciso, pero luego del trabajo, no sé, observar o algo así. Ese coche negro estaba en la acera de enfrente. Querrán llamar por teléfono y han dado la vuelta para no mojarse. Llueve mucho, pero llame usted, llame usted. Ahora se para. Bajan dos hombres con impermeables y se lanzan a la cabina. Sonreír. Le sacan a golpes. Qué hacen. Mi abrigo. Pueden llamar si quieren. Era por no mojarme. Más golpes. Cállate. Al interior del coche. Mi abrigo, por favor; en el suelo de la cabina. Que te calles. Dos tortas. Un tipo a cada lado y delante, junto al conductor, otro de rígidas facciones que se vuelve hacia él sonriendo con un lado de la cara. ¿No tenías que hacer una compras en Ciudad Lineal? Se trata del mutante. Muy gracioso, muchacho, te gusta joder a la policía. No, le juro que no. Lágrimas. Un golpe y cállate. De gilipollas como tú estamos hasta el moño. La cagaste, siempre acabáis cagándola.

Jesús Villar no despega los labios, pero sigue pidiendo perdón interiormente. Traigan mi abrigo por lo menos. Ya no le miran ni le insultan; están pendientes de las maniobras de otro coche que también ha dado la vuelta colocándose unos metros más atrás. Silencio. Ahora una sirena y otro coche con rótulo de policía que se detiene frente al portal por el que se metió el Vitaminas. La gente se asoma. Salen del bar el inspector Núñez y el Ratón junto con el policía que iba en uno de los coches. Cruzan la calle bajo una lluvia racheada. Limpiaparabrisas. Vosotros no os mováis de aquí, a través de la ventanilla y corriendo al portal. Jesús Villar padre nuestro que estás en los cielos que no pierda el trabajo, que se apiaden de mí. Yo sólo era una broma. Rosario embarazada. Tu padre estuvo en la cárcel. No rayaré los coches ni mataré al perro del vecino si me sueltan. Me soltarán, claro, en cuanto les explique: Es que yo soy un poco raro; me gusta hacer cosas así, pero al final pensaba decirles el paradero del delincuente. Nada que ver con él; lo encontré de casualidad. Voy a tener un hijo y mi mujer está un poco delicada de los nervios, por favor. No me masturbaré tampoco. Dios mío. Prometo que iré al trabajo y nunca haré otra cosa. Por favor, dice al de su costado derecho, por favor, escúcheme un momento. Dale una hostia a éste a ver si deja de darme la paliza. Todo por el abrigo. Te lo voy a coger a ver si dejas de gimotear como un marica.

Jesús Villar reza e imagina maneras de mortificarse en el futuro como penitencia a un perdón que espera obtener cuando todo se aclare.

Hasta el cuarto de calderas llegan también algunos residuos de la agitación nacida en la calle y empujada después hacia el portal en oleadas sucesivas y carentes de ritmo. Pero llegan desprovistos de identidad, como las sobras de una combustión. Así, desde la oscuridad húmeda y desolada no es posible distinguir los pasos de las voces, ni los movimientos de atención de los de miedo. Lo que en principio parece un murmullo se convierte, sin necesidad de pasar por un ruido intermedio, en el eco de una puerta al cerrarse reflejado en el sótano por el esqueleto metálico del edificio. Una crepitación producida en el interior de la caldera se convierte en un susurro, y de nuevo en una crepitación, antes incluso de que los sentidos se hayan hecho cargo de la primera señal. Los mismos dedos parecen huéspedes y dedos otra vez, herramientas capaces de acariciar el suelo y de transportar con cierta solidez desde allí hasta la boca, donde de nuevo se tornan huéspedes, migas de pan, arena, y otras reliquias de sabor confuso y de naturaleza indescifrable. Después, los pasos parecen pasos, y voces los susurros que precavidamente se descuelgan escalera abajo. La lluvia sigue siendo lluvia; y la humedad que el Vitaminas siente sobre sí, su prolongación.

Una vez establecida la identidad de los ruidos, y su cercanía por tanto, el Vitaminas cae de nuevo en un estado de abandono total. Ya no tose, o lo hace hacia adentro, en un afán por economizar movimientos, por economizar sensaciones. Tiene las piernas y los brazos pegados al tronco, la barbilla en el pecho, y la lengua guardada dentro de la boca, protegida por dos barreras desiguales: una interior, compuesta por una doble hilera de elementos pétreos dispuestos en forma de empalizada; y otra exterior, más blanda y carnosa, aunque recorrida por músculos que la dotan de una notable rigidez. Los ojos permanecen abiertos o cerrados, según sea la intensidad de los temblores que estremecen su cuerpo. Si la embestida es grande, los párpados se buscan y el superior se monta muy ligeramente sobre el de abajo, como dos valvas que no ajustaran bien y hubieran de suplir en crispación lo que en exactitud les falta. De cualquier modo, cada uno de los dos globos gira seguro dentro de su órbita, y, si se cierran, no ven, pero cuando permanecen abiertos tampoco, porque el Vitaminas se descuelga ahora por el estrecho patio interior de su fiebre hacia un infierno en el que la memoria es llama y cuerpo atormentado al mismo tiempo. Los sucesos, que a su pesar evoca, se repiten una y otra vez, flamean avivados por un viento abismal que nunca sopla en la misma dirección. La trastienda de la farmacia, el Lefa curándole las uñas destrozadas, un jadeo que precede a la aparición de la academia. Y también instantáneas del rostro de su hija, de su llanto feliz. Después, cenizas, oscuridad, un descanso interrumpido de nuevo por el viento, y él que asciende por las escaleras del metro de Pueblo Nuevo en busca de un refugio, si no seguro, acogedor al menos, como la mano que acaricia la frente del que se va a morir y lo sabe: una tregua. Alguien se acerca a él, le solicita, y el Vitaminas saca la navaja. No tiene práctica, ni la necesita; un movimiento del brazo hacia adelante, seguido de otro de retirada. Rosario ya no trabaja aquí. Atravesar un descampado para llegar al cine. Una de arriba. El descampado cuando la tarde duda, los gestos del principal actor. A lo lejos alguien se ata el cordón de un zapato con el pie apoyado en una irregularidad de la pared. Ya han abierto la puerta del cuarto de calderas. Los oídos oyen lo que no escuchan, los ojos miran algo que no ven. Los orificios nasales taponados con dos bolas de algodón bien comprimidas. Han comenzado ya las amenazas. Desde la puerta del cuarto de calderas profieren amenazas y promesas sabiamente alternadas. Pero ahora está tranquilo; el viento parece soplar en una sola dirección y el Vitaminas asiste a las escasas ocasiones en las que reconoció su propia voz en él, en las que el gesto de sus labios era su propio gesto, en las que sus olvidos no estaban destinados a alimentar la memoria de otro. Cesan las amenazas de los de la puerta y comienzan los ruegos de Julia. Han encendido la luz del techo. El Vitaminas escucha a su mujer y atrapa, con un movimiento rapidísimo de la lengua, un insecto que se había posado en la entrada de la cueva. Después está feliz; es pequeño y pisa la sombra de altos chopos, oye el murmullo de una acequia. Julia, desde la puerta, insiste y ruega, pero el Vitaminas responde sin despegar los labios: cállate, cállate, ¿no ves que estoy sufriendo la visión del ahogado?

Junto a la puerta del bar explotado por el Cojo se agolpaban multitud de paraguas negros bajo los que se protegía un número mayor de espectadores. Casi todos presumían de tener la información más exacta sobre el suceso que acababa de desarrollarse en la acera de enfrente. Pero sólo uno de ellos se atrevía a facilitar detalles en cuya concreción, si no había verdad, había al menos verosimilitud; no proporción entre el suceso y la causa, sino armonía entre los hechos que narraba y el nivel de existencia de la realidad que los había cultivado. Su hocico de ratón daba nombres y fechas, reproducía frases escuchadas a la policía y ataba cabos ignorante de que tras él, bajo un paraguas ajeno, se encontraba uno de los personajes de la historia. Jorge escuchaba lo que para los demás era un suceso externo, un alto en el camino, y mientras escuchaba decidía —con la firmeza del que no se da ningún crédito— que volvería a su barrio y que de sus alrededores no saldría sino para ir a trabajar, nunca para buscar amor, ni saldar deudas. Entretanto, el Ratón explicaba a su público que el delincuente, según confesión propia, había ingerido un tubo de pastillas y que estaba en que se iba a morir, en que se ahogaba. Pero un médico ha dicho que se va a joder, que un lavado de estómago y listo.

Este libro se acabó de imprimir
en Cayfosa, Santa Perpètua de Mogoda (Barcelona)
en el mes de mayo de 1990